Thinking in Pictures

元思考力

如何简单而高效地思考

［英］迈克尔·布拉斯兰德（Michael Blastland） 著

张濛 译

机械工业出版社
CHINA MACHINE PRESS

本书深入探讨了元思考力在当今社会中的重要性，以及它如何在我们面对复杂问题时提供独特的视角和解决方案。作者凭借其丰富的经验，经过深刻的思考，提出了一个引人注目的观点——借助图像思维，提升元思考力。图像思维不仅仅是一种艺术或设计的技巧，更是一种能够帮助我们更直观、更清晰地表达和理解复杂观点的工具。书中讨论了聪明思维、认知偏差、数据误用、偶然性数据的误导性等问题，强调了对信息和证据应保持辨别力。书中还包含了对复现危机和研究可信度危机的讨论，以及对系统思维和决策实验的探讨。本书是一本富有启发性和实用性的书籍，它为我们提供了一种全新的思维方式和解决问题的方法。通过深入阅读本书，你将能够更好地理解和应对信息时代的挑战，提高你的认知和决策能力。无论你是科研人员、教育工作者还是普通读者，都能从中获得宝贵的启示和收获。

Thinking in Pictures by Michael Blastland
Copyright © Michael Blastland, 2023
First published in hardback in Great Britain in 2023 by Atlantic Books, an imprint of Atlantic Books Ltd.
Simplified Chinese Translation Copyright © 2024 China Machine Press. This edition is authorized for sale in the Chinese mainland (excluding Hong Kong SAR, Macao SAR and Taiwan).
All rights reserved.

此版本仅限在中国大陆地区（不包括香港、澳门特别行政区及台湾地区）。未经出版者书面许可，不得以任何方式抄袭、复制或节录本书中的任何部分。

北京市版权局著作权合同登记　图字：01-2024-0067号。

图书在版编目（CIP）数据

元思考力：如何简单而高效地思考 /（英）迈克尔·布拉斯兰德（Michael Blastland）著；张濛译. 北京：机械工业出版社，2024.8. -- ISBN 978-7-111-76404-5

Ⅰ．C934

中国国家版本馆CIP数据核字第20246VE211号

机械工业出版社（北京市百万庄大街22号　邮政编码100037）
策划编辑：郑志宁　　　　　　责任编辑：郑志宁
责任校对：李　杉　陈　越　　责任印制：李　昂
河北宝昌佳彩印刷有限公司印刷
2024年11月第1版第1次印刷
148mm×210mm・9.625印张・2插页・186千字
标准书号：ISBN 978-7-111-76404-5
定价：78.00元

电话服务	网络服务
客服电话：010-88361066	机 工 官 网：www.cmpbook.com
010-88379833	机 工 官 博：weibo.com/cmp1952
010-68326294	金 书 网：www.golden-book.com
封底无防伪标均为盗版	机工教育服务网：www.cmpedu.com

谨以此书

献给基蒂（Kitty）、凯特（Cait）和凯蒂（Katey）

如果我无法想象它,我就无法理解它。

——阿尔伯特·爱因斯坦

目录

1 培养元思考力为何需要图像思维？ ... 001

2 连点不成线 ... 025
  第一步

3 羊数不可数 ... 043
  数字非天然

4 计数人性化 ... 059
  情境很重要

5 虚假信息要当心 ... 077
  概率唬人

6 事出反常必有妖 ... 095
  有序可以反映问题，无序也是

7 专注但别太专注 ... 109
  要看见你所看不见的

8 画虎 ... 131
  承认无知

9 绘制自己的思维图像 ... 145
脑海中的画板

10 打点坏主意 ... 167
期待意外

11 三思而后行 ... 191
对故事：爱而不信

12 对赌思维 ... 219
与不确定和解

13 勿轻信 ... 243
寻找可信度

14 换个新态度 ... 269
开动你的好奇心

15 写在文后 ... 285

扩展阅读 ... 294

致谢 ... 301

1 培养元思考力为何需要图像思维?

THINKING IN PICTURES

简言之：因为有些人更擅长图像思维，他们属于视觉型思维者。也许你也是其中一员。但还有一个更奇怪的理由：因为文字不足以辅助思考。元思考力，即思考我们的思考过程本身，这听起来有点拗口，也许这属于哲学范畴。但我们将其与图像思维相结合时，能够突破文字的束缚，开启一个更为广阔、多维度的思考空间。

最近上架的数本大众科学类读物就可以说明问题，这些书无一不承诺会让你更聪明、更有远见、更理智。下面这张书单，只需一瞥，便能窥见其中的智慧之光：

- 《理性论》，史蒂芬·平克著
- 《拆穿胡扯》，杰文·韦斯特、卡尔·博格斯特罗姆著

培养元思考力为何需要图像思维?

- 《拼凑真相:认清纷繁世界的十大数据法则》,蒂姆·哈福德著
- 《如何读懂数字》,大卫·奇弗斯、汤姆·奇弗斯著
- 《终止偏见》,杰西卡·诺戴尔著
- 《决策之谜》,安妮·杜克著
- 《伟大的心理模式》,里安农·贝比安、肖恩·帕里什著
- 《噪声:人类判断的缺陷》,丹尼尔·卡尼曼、奥利维耶·西博尼、卡斯·桑斯坦著
- 《人类视觉》,基利安·邰蒂著
- 《最佳思维》,马库斯·德·索托伊著
- 《感性论:对情绪的新思考》,列纳德·蒙洛迪诺著
- 《怀疑论者处世指南》,史蒂芬·诺维拉著
- 《如何思考》,汤姆·查特菲尔德著
- 《三思而行》,亚当·格兰特著
- 《侦察兵思维》,朱莉娅·加莱夫著
- 《冲动的傻瓜》,大卫·格里姆斯著

此外,还有无数文章、视频和数以百万计的自媒体人,在教你如何变聪明。

这阵自助式变聪明的风潮是如何愈演愈烈的,笔者不得而知。但这似乎与20世纪70年代有关决策制定的一系列心理研究不无关

系，这些研究使人重燃"好为人师"的热情，并且还有了科学的佐证，这股风潮似乎就此兴起。2000年前后，这股风潮又催生出一支"智慧思考"的流派，发展壮大至今。深入的观察，合理的推理，敏锐的数字解读，屏蔽偏见与噪声，更强的决策力，识破骗局……这些知识或在书架上摆着，或在网上登着，唾手可得。

在饱览了一众此类书籍之后，我想到："嗯……大部分都还不错。"接着，我把它们堆到一摞旧书上："这么多的智慧，这么多的答案。"

然而，对着这堆书，我也开始感到些许不安。它们给出了这么多的答案，可我的心头仍萦绕着一个困惑，那就是：这些答案真的有用吗？换言之，这些书真的成功拨动了人类推理的轮盘，让我们能真正了解世界吗？还是说它们就像那些光鲜亮丽的杂志上的空头承诺：每个月都还你一个崭新的苗条的你！

虽然还不能确定这些"智慧"对于提高人们领悟力的效果有多大，但现实是，一方面，社会上充斥着各种理性和追求真理的声音，而另一方面，人类似乎依旧感到愤怒而困惑，甚至可能达到了愚蠢的新高度，就像一位智者说的，"我们已经出离愤怒了，丧失了反思的能力。"与此同时，政界和商界错漏频出，各方都表示自己手握真理，实际上却无人赞同，甚至科学界也无法独善其身，据说那些最聪明、最训练有素的思维大师也面临着"复现危机"，难逃平庸化的厄运。为何理性思考的方法如此盛行，真正能做到

培养元思考力为何需要图像思维?

的人却不见增多呢?假如这类书籍真的有用,又为何会越出越多呢?

以我为例,这些书于我是否有益?答案是肯定的,我的确收获了新的观点和技巧,可为何据此自我提升数年之后,我仍然不是一个善于拨乱反正、理性决策的完美思考者?纸上得来终觉浅,躬行此事不容易。

于是,我开始寻找真相。也许这些书籍之所以没用,是因为它们倡导的观点本身就说不通。商人们利用了读者对"聪明泉"的渴求,顺势制造了一波热度,借此赚得盆满钵满。又或许这些书本上的方法确实有效或者有些效果,但实效被过分夸大,或者说只针对那一小部分"受众"管用。抑或是这些书(主要)都是一些成功人士写的,他们试着将自己成功的经验分享给大家,并宣称是普适的、客观的、与政治无关的真理,而事实却并非如此。再或者,根本就是愚蠢的势力与日俱增,我们现在所见的是智慧势力的反击。也许这些书的确各有千秋,但我们的愚蠢思维根深蒂固,对智慧之光的探寻漫长而曲折,并非能一蹴而就的。也许就像我们自己动手做事时那样:总是说得简单,"我修修就好"——实际上却没那么容易"好"。

不过老实讲,我之所以只针对这些书挑毛病,是因为我自己想写一本书(我得证明自己出书的必要性)。聪明思维的大师称之为"动机推理",即我在评估论据时会倾向于有利于自己的。他们说动

005

机推理的方法很差劲，因为你会专注于寻找自己喜欢的答案，而看不到事物的本质。我想没有哪个作者会想要被扣上"差劲的想法"这样的帽子，于是我停下来，绞尽脑汁……想出了"建设性意见"这个比较中性的说法，然后继续问道："还有呢？"——这些书还有哪些"未尽事宜"？要么是他们有所遗漏，要么就是我未能得其深意。

直说了吧，思忖良久后，我终于得出结论……

这类思维学派究竟哪里出了错？——他们很可能根本没错。诚然，他们本身并非无懈可击（尤其是有一个明显的缺陷，后文将会提到），且必然也会有一些浮夸内容和炒作成分在里面，但大多数此类书籍确属上乘之作，这是毋庸置疑的。也许只是世人太过苛责，才使得他们的创作举步维艰。

好吧，说说也无妨。

那是一个悠闲的午后，我偶然看到了一张

这只是冰山一角，还有图片。

培养元思考力为何需要图像思维?

图片,顿时恍然大悟,这张图最终也收入了本书中。这张图(如第168页所示,步道上有一条自行车车痕)几乎完美阐释了在户外的聪明思维方式,或者说当你用这种方式看问题时,你就能得出聪明的结论,就能明白我的意思"啊哈,就是它!"我反应过来,这就是我在找寻的"遗珠"。"图片……无声胜有声……你们懂吗!"

就在那一刻,一个偶然的机遇下,我逐渐意识到:也许这些书用图片的形式来呈现会更好,也更能培养一个人的元思考力。这为我的著书困境燃起了一个小小的希望。

因为图像可以生动地呈现观点,使观点不那么抽象,类似于观点的具象化。或者说,图像是一种看待旧观点的新方式,就像是对观点的隐喻。还有爱因斯坦的那句名言:"如果我无法想象它,我就无法理解它。"所以,图像或许可以更清晰地呈现观点。

图像思维,属于快思维,因为只需一眼,你就能获取图像信息。信息获取速度快,存储时间长。存储在思维中的图像,就像占位符,可以包含更多信息,而我们的思维也需要载体,因为神经学家告诉我们,思维意识是由乳酸构成的。

这一发现属于大卖点了,我们还是谨慎为好。毕竟所有人都在艰难探索,掌握思维的奥秘绝非易事,我们不可能仅凭一道自行车车痕就能开启理性思考的新纪元。但在困境面前,还是应当全力一试。哪怕一丁点儿的新发现也是好的。总之就是这样,此后我就决

定，每当需要唤醒理性思维的图像集合，我就会看看贴在桌上的那些图片。

"这真是如虎添翼啊"，我高兴了差不多10秒后，现实就将我拉了回来。假如要出这本图书，它的受众又是谁呢？

大概是那些聪明思维领域的门外汉，他们会知道如何将那堆书上的知识活学活用，这本书可以作为入门书籍或补充教材使用。但是，即使是行家，也可能会对这些图像感兴趣，想知道作者究竟葫芦里卖的什么药，毕竟书中不只有图片，还有观点——这点下文会展开论述。总之，在思维领域中，难题也好，简单问题也罢，都有着某种奇怪的共性。再者说，这本书还可能会吸引像我这样的，想学习如何交流观点的人。假如你认为用图像思维培养元思考力只是一个噱头，那也无妨，因为这说明你的思维已经被左右，有失偏颇，你需要换一本介绍图像思维的书来消除偏见。如此说来，这本书对每个人都有用。

那么，下一个现实问题：具体是什么图片？

不是图表，不是思维导图，不是图标，也不是商学院常用的那些将观点可视化的表格（也有一些例外）。那将会是另一本书。它也不是直观式的图片，比如要解释"开放性思维"，就附上一张被打开的罐头脑袋的图片。

除上述之外的其他一切图像都可为我所用，新旧图片、画作、照片、表情包均可。它们也许并不惊艳，但我希望它们是生动的、

培养元思考力为何需要图像思维?

于你有益的,最好还能是令你灵光乍现的。当然,这意味着每个人从图像中提取的信息是个性化的。也许你能从中看出其他深意,也许你毫无发现,根本不知道作者引用这张图片的意义何在。如果你能找到更合适的图片(我相信各位一定没问题),那就去做吧。

不过,这么说难免有避重就轻之嫌,究竟选择什么样的图片,这个问题值得深思。烦请各位容我解释几句,因为真正的问题在于,如果你想令某个观点具象化,首先你得清楚这个观点是什么,它的本质是什么。

这点显而易见。可要给出答案,绝非易事,而这个答案,又是整本书的核心,甚至可能解开聪明思维的谜团。究竟难在何处呢?你会发现,当你越是想讲清楚什么是聪明思维,就越能意识到它究竟有多复杂。

最常见的情形是,当你在用精练的语言或图像概述某个聪明思维的观点时,时常会有一个微弱的质疑声来打断你:"等等……这观点真的可靠吗?有时实情是不是正相反?"

比如:"动机推理不可取"这个观点。这是聪明思维领域的一大课题。然而,人类史上的数次深刻的变革,比如妇女选举权、反对奴隶制等,无疑都是由革命者们从其目的出发,带着强烈的动机,信念坚定(这一点也被诟病),抓住一切能为其所用的证据据理力争而得来的。假如要劝他们更加开放包容些,我想大部分人

都会觉得荒诞甚至有些冒犯吧。对奴隶制少一些目的性，多一些包容？

所以，不合理的方法真的不合理吗？十八世纪的思想家大卫·休谟有句名言，说动机推理的缺点根本就不是缺点，而是完全合情合理的，他写道："推理是且应该是目标的奴隶，除了服务和服从于目标之外，它不应扮演其他任何角色。"当人们忙着反驳休谟，或是争辩说休谟其实另有他意时，因为我们可以从推理的方式（"如今，有些极为理性的策略要求废止奴隶制"），来合理分辨出带有目的性的、感性的目标和价值观（"终止奴隶制"），就会有另一位思想家站出来告诉你，动机和推理是密不可分的，二者本就是相辅相成的。

而动机推理的批判者认为，将动机和推理混为一谈就是思想犯罪。这其实不无道理。因为有时，我们会太急于寻找自己想要的答案，而消灭其他证据。所以动机推理在评论家口中总是好一天坏一天，时而可行时而不可行。究竟何时可行？何种情况下可行？我们能否在不滥用推理的情况下，在必要时合理利用动机呢？总之，价值观、感性、动机、理性……关系复杂。打个比方，假如你进入学术丛林，思考是否应该将纯客观的科学理想化，那你恐怕一辈子也走不出来了。

同理，假如说开放包容才是聪明的，那么面对着那些恶贯满盈、背信弃义之人，我们要做到多开放包容呢？还是说，我们不能

培养元思考力为何需要图像思维？

做这种假设，只有怀着开放包容的心态去与每一个阴谋论者交谈完之后才能就事论事？假如我们要说某些事是显而易见的，那就别管开放不开放这些事了，直接阐明何时、何事、在何种情况下要做什么？有时，要明白究竟什么是聪明思维，你需要一位伟大的哲学家来为你指点一二。

这样的例子数不胜数，从而使得聪明思维愈发复杂。从一部方法论手册，成了一堆暗示——有的明显，有的不明显，还有诸多限制，可能还有争议、矛盾、极其微妙，甚至需要具体情况具体分析，这些方法常常很难被付诸实践，受到太多细节的限制。许多聪明思维的方法其实都具有正反两面性，所以一定会有人著书批判，大众随之反水。自然界的真理往往都令人难以捉摸。虽然很少有普适的真理存在（所以从某种程度上来说，你究竟在期待什么？），但极端的反例绝不在少数。

我们身边最常见的，就是谚语——也被称作经世致用的大智慧。俗话说"一针及时顶九针"，俗话还说："三思而后行。"

你会说：谢谢啊，可真是帮了"大忙"了呢，就是既要谨慎行事又要速战速决呗，那什么时候该谨慎，什么时候该速战速决呢？聪明思维也是这个道理。马尔科姆·格拉德威尔在他的《眨眼之间：不假思索的决断力》一书中，就用他精选的若干事例告诉我们，做事要"快、准、狠"，快速的直觉思维才是王道，所以要相信自己的直觉（但迅速准确的直觉需要经过训练）。相反,丹尼尔·卡尼曼的《思考,快与慢》告诉我们,直觉思维下多是偏见,理想的情况应该是深思熟虑。这被称为"直觉与深思"。

那么,何时需要直觉,何时又需要深思呢?有人说,当我们经验丰富足以快速决断时,就可以运用直觉思维;那么必然就会有人问你:"假如不先思量一番,你怎么知道你的经验足以应对眼前的问题?"当你正在想着如何回应时,又会有另一个人告诉你:"不要相信直觉,要相信数据。"(不过他也承认,有时直觉确实是对的。)再然后,《经济学人》杂志又发声了:决定何时使用直觉是由……直觉决定的。额……好吧。意思是,我们得先锻炼我们对于直觉的直觉?这不成车轱辘话了!

越听越乱?那就对了,这是正常反应。问题是,聪明思维领域的所有问题,就像那些谚语一样,都是相互矛盾的。直觉思维下产生的观点的确可能多是偏见,但假如与经验法则相结合或是训练有素的直觉,那么直觉思维也可以是非常高效的,甚至可以挽救生命,也可以说是我等凡夫俗子在压力下的唯一选择。不出所料,专家们也拿不准何时该用直觉思维,何时该用理性思维,除部分情况外,多数情形都令人难以抉择。

比如,有些聪明的思维方法认为,数据的力量在于它能够呈现事实。没错,"数据不会说谎"这句话我们耳熟能详。但还有些观点会认为,数据"行行蛇蚓",真假难辨。也没错,数据也可能是不可信的。所以，我们就要在收益与风险之间权衡：是利用数据的力量还是被数据的力量所利用，是热衷于数据的预测性还是视其为谎言，弃之如敝屣。数据无法为自己辩驳，那我们需要多深入地了解，才能分辨哪些数据具有迷惑性哪些具有预测性？尤其大多数数据都是兼而有之，面对那些不易分辨的数字所组成的数据，我们该何去何从？

同理，我们既见过因过度解读概率而陷入数据陷阱的，也见过因忽略数据的力量而失去扭转乾坤的机会的。数据简化既会给你惊喜，也会带来风险；模式识别既会给你造福，也会引你入歧途。例如，马库斯·杜·索托伊在《最佳思维》中，就论述了模式识别的巨大价值，并以股市为例来说明。而纳西姆·塔勒布则在《黑天鹅》一书中，论述了模式识别潜在的巨大风险，且同样以股市为例。

到最后，你甚至会怀疑，这些劝诫人们要聪明思考或是保持怀疑态度的观点，是否根本就是一把双刃剑，当下阴谋论的盛行可能也与此有关，而且这还催生出了不少自封的民间科学家，网上冲浪一晚就自认比病毒学家更了解新冠病毒。

这些复杂情况表明，虽然聪明思维有时可行，但多数情况它们很容易失效或被误用。而最糟糕的是，我们如何才能得知自己是在哪种情形下，目前的情况是否能适用聪明思维的某条法则？换言之，只有当我们确定问题究竟是什么时，聪明思维才能大显神通。

可问题是:生活并不会按照我们所想,将所有的问题都分门别类。它不会将所有问题都预先贴上标签,来匹配我们脑中已经预设好的解决方案。这一切表明,聪明思维也许的确聪明,但在喧闹繁杂的世界中,它却几乎总能把事情弄得一团糟。

有多糟?几乎是毁灭性的。有两个不争的事实,说明有些聪明思维并未被证实。第一个不争的事实是,即使是最训练有素、最广受赞誉的现代思维,也出现了极其混乱的记录。前文提到的"复现危机",已波及科学界(包括医学领域)的多项发明,这些结论在重新检测的时候都站不住脚(虽然结果对不上时有发生,但失误的数据太过系统化,无法用概率来解释)。目前为止,"复现危机"最严重的情况发生在心理学界,而这正是20世纪70年代聪明思维萌芽的领域。这些发现为什么会失效?个中缘由有很多。仔细分析的话,从研究中的统计能力到实验设计,从数据中得出的因果推论的质量,学术研究和出版的激励机制,机制透明度、诚信度,包括你能想到的一切,都还未能有效地自我修正。有一位作家兼研究人员就表示,大部分科学实验过程都被"严重腐败"了,要知道他可不是什么狂热的极端分子,而是一位主流的权威人士。

特别指出:这可是科学。这是以精于计算和解密著称的精英的聪明思维。可就连这些思维方式,都常常无法确保他们能达成所愿。阿莫斯·特维斯基说:"外行看热闹,内行看门道。"照这

培养元思考力为何需要图像思维?

么讲,"复现危机"就是一场灾难。同时,还有人认为,人工智能和机器学习领域也在酝酿着新的"复现危机"。虽然,的确有许多科学成果是可靠而有益的,且从长远来看,发现问题也是好事,因为这样我们就能及时纠正错误的研究方法。可对于那些认为科学能拯救人类的人来说,"复现危机"带来了无限的痛苦,因为这都表明,无论有意无意,聪明思维也很容易遭到破坏。所以当我们想要解释为什么了解某件事时,仅凭一句"因为科学上讲……"往往是不够的。这是很可怕的。如果连科学都不足以解释问题,那我们还需要聪明到什么程度呢?

雪上加霜的是,人们在讨论提高科学方法的有效性时,针对的不仅是个人,更是体制的智能化,是关于研究的组织方式、激励模式、公布方法的智能化。因为身处落后的体制内,人们就会故步自封。思维习惯不仅仅是个人的事。

另一个不争的事实是:聪明思维本身,难免会在风靡一时后突然陷入被质疑的境地。例如:近十年间的一项发现——"助推理论",如今就备受质疑。其被人们怀疑已公布的、宣扬理论有效的研究实验结果,都是刻意筛选的。虽然这并不能否定该理论的有效性,但说明其并没有宣传得那么有效,当然支持者无疑也会进行反击。还有关于认知偏差的一整套理论,即为人们所熟知的"启动效应",当时被一本被奉为聪明思维领域内"圣经"的书称为事实,如今却也备受质疑。

所以坦白地讲,聪明思维这个概念是有争议的,甚至是完全错误的(还有个有争议的观点:我认为包括丹尼尔·卡尼曼的《噪声:人类判断的缺陷》在内的,最新的一系列有关聪明思维的畅销书,基本上都是真假参半)。

另一个也许更严重的问题是:"我们可以通过训练使人变聪明。"这个观点本身就可疑。我从近期一篇论文中看到这个观点,对聪明思维的理念有些悲观:在过去的 20 年间,人们进行了大量研究,期望能证实认知训练对认知能力和学术成果能产生之前所假设的多项益处。但最近综合分析的结果说明了一切:远迁移的整体效果为零("远迁移"是指已习得的经验在新情境中可以转化为有用技能的程度,"效果为零"意味着无法转换,没有任何帮助)。尽管这些结论就摆在眼前,但界内还是对认知训练持有不切实际的乐观态度,他们认为人们通过训练可以提升认知和学习能力,这种乐观是由于界内忽略了综合分析的结果,并对统计学解释视而不见,即结果的明显偏差是抽样误差和其他人为因素综合造成的。

唉,尤其我们所说的是,对认知训练价值的评估本身在认知上就是有缺陷的。这很可笑,或者说很可悲,不是吗?当然,也有少数一两个观点没有这么悲观,但也绝不乐观。但这指的是"认知训练",而不是"聪明思维",没错,不过假如你认为二者毫无相似培养元思考力为何需要图像思维？

之处，那就大错特错了。

要声明的是，我个人一点都不反对科学，也不反对研究聪明思维。问题在于，我们怎样才能做得更好。想要做好，就势必要进入专业领域。以科学界为例，就是要研究哪些激励措施能提高研究质量，哪些分析方法和实验设计更适合哪些实验目的——这让我们光是听着就头疼。对于我等普通人来说，这就仿佛是一个更加遥不可及的、充斥着高端专业知识的技术沼泽。对我们这些想著书探讨的人来说，同样是个坏消息：假如纯正的科学都难以清晰思考、合理论证、发现并解释现象，那通俗科学还有什么指望呢？这些都令你不禁会想，我们对聪明思维的期望会不会太高了，它是否无法令我们的思维素养有质的飞跃，我们只是在沾沾自喜罢了。

关键是：聪明思维领域入门容易，后面很快就会越来越难。但令人不解的是，这些书却没能将这些弊端阐释清楚。假如不能尽早意识到这一点，你就会聪明反被聪明误，除了多学会几个术语、多读几本书，实际上你只是变成了一个更傲慢的傻瓜而已。请问，各位翻开此书的目的是从找寻简单的答案改为欣赏美图了吗？当然没有，你们不会这么傻。

即便困难重重，我也不认为我们的努力是徒劳的，假如作者本人都宣称自己的书毫无用处，那著书的意义何在呢？所以，我

们应该如何应对聪明思维的混乱与复杂,这本书对各位又会有何帮助呢?

聪明思维这个概念本身,关键不在于它们一定是错误的或无用的——它们可以是绝妙的,有时也是简单易用的——但我们需要认识到它们是一种观点,既讲究技术性,也强调技巧性,它们充满争议,容易出错,需要修正,你需要审慎地、灵活地运用它们,要具体问题具体分析,要从不同角度看问题,取长补短,更要谨记聪明思维和我们自身的局限性。

本书的主旨呢?我觉得聪明思维领域最紧迫的需求,主要是实际运用问题,但同时我们要对它保持警惕,尤其切记不要期望过高。聪明思维的部分特征就包括质疑、犹豫、自负,本书亦强调这一点,我们应对聪明思维本身留一份警惕,切记。

至于图片的作用,起初,我以为这种混乱复杂的情况会导致整个聪明思维概念体系的崩塌,直到我突然意识到,图片可以很好地还原复杂情形,使问题清晰化。图片可以生动地展现微妙的细节和行为发生的具体情境。而聪明思维的问题在于,它总是听上去简单,一旦深入实践,就可以用我最喜欢的一本书的书名来概括:《我想你会发现它有点复杂》。我们可以通过图片中所展示的一些户外信息,看到聪明思维的目标和潜在问题。同样的,它们传达的信息,往往也是"用之,慎之",当我们试图在利弊中取舍,期望

培养元思考力为何需要图像思维?

将聪明思维转化为更多现实利益时,图片会适时为我们提供建设性的意见。

还需强调一点:对聪明思维的复杂态度,很容易让我们觉得运用聪明思维是件麻烦事,甚至是一种痛苦。笔者的建议是抵制这种情绪,这太悲观了。如果你认为你喜欢聪明思维而并非只是慕名而来,你就应该享受思维本身。复杂情形的确难以应对,但过程却也是趣味丛生的。所以不要有畏难情绪,沉浸其中就好。

关于本书的篇章结构,每一篇都会选取聪明思维的一个主题——通常都以质疑的视角切入,这是笔者自己的偏见——然后附加一张图片,展示聪明思维在实践中的运作原理,也包含一些事例,然后再抛出一些简单的挑战任务,不仅引导读者认同,而且启发其重新思考。你会发现不同章节指引你的思考方向是不一样的。甚至同一个章节也会让你同时从两个方向来思考。每一章都包含对本章主题的质疑之声。坦率地说,这很难。很少有万能的原理能次次有效。

请铭记这句话:通往真理或理性的路,没有坦途。这本书和其他同类书籍最大的不同,除了运用图示之外,在于它对所有问题答案的渴求。我的终极目标就是让大家在对聪明思维保持怀疑的情况下,审慎地运用它,而非全盘照搬。总之,任务艰巨,但千里之行,始于足下。

现在诸位可能意识到，聪明思维非但无法轻易让你得到答案，还可能令你变得愤世嫉俗，一边摔门而去，一边咆哮抱怨它根本没有用。这可不明智，这种愤世嫉俗的态度既无用，也无聊。假如你像那些愤世嫉俗者一样，只会搞破坏，那你的生活很快就会一团糟。总之，愤世嫉俗与怀疑主义完全不同。良性的怀疑主义更像一间工作室，我们会将所有相互矛盾的观点都放进去一一检测——无论我们喜欢也好，不喜欢也罢，所有观点都会被无差别地检测，并且我们知道，最终它们都会各有利弊，但我们仍必须做出决定。

有本书中就有如下精彩描述："聪明思维就像拥有了蜻蜓的复眼，可以同时通过多个视角看事物，从不偏信某一个。"意思是，用这种聪明思维看一个问题会怎样？等等，那换另一种聪明思维呢？好吧，那我们究竟往哪边飞？如果说在各位深入学习聪明思维之前，要记住一个比喻，我认为是蜻蜓的复眼。下文还将多次提到这一概念。以下是一张图片，可贴在桌上备用。

用蜻蜓的复眼来比喻聪明思维，意味着聪明思维不仅是关于如何发现认知偏差，还涉及态度、判断、不确定性和权衡之术。光明之路绝不平坦。取而代之的是，我们竭尽全力去权衡利弊、匍匐前行，我们用不充分的证据和不完美的策略，放手去搏，去据理力争。聪明的思维能给我们出谋划策，仅此而已。至于何时

培养元思考力为何需要图像思维？

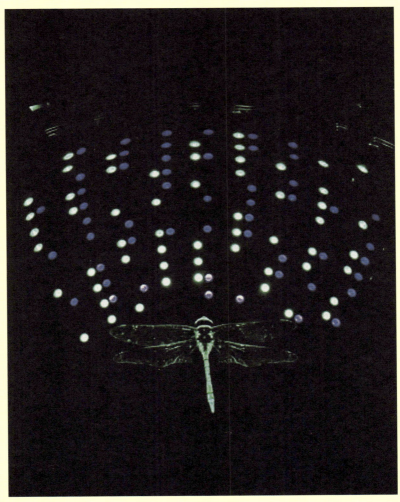

蜻蜓的视角

> 如果有人……凭着所谓的客观思维，就想象自己能消灭一切质疑，那他就大错特错了。
>
> ——索伦·克尔凯郭尔

用、如何用，都要靠我们自己去权衡——这是任何书本都无法替我们决定的。

本书旨在让读者尽可能地记住一些聪明思维的观点，还增添了一些要警示的信号和备选方案，供读者权衡取舍。也就是说，请同样以质疑的态度来对待本书。事实是，（我不确定）本书的观点在许多情境下也有可能是错误的。但是，假如你在寻找的，是放之四海而皆准的万金油式的方法，那你不仅找错了书，而且还找错了世界。

培养元思考力为何需要图像思维?

  本书中还附有一些有趣的练习,也收纳了其他同类书籍的若干观点,诸位若有兴趣,可以品读一番,毕竟"开卷有益"嘛,而且坦白讲,本书篇幅有限,难以穷尽其道。

  就是这样了:我的两大"法宝"就是图片和聪明思维领域的重大话题。现在,可以开始你的思维之旅啦。

小试牛刀

  为了养成习惯,请把蜻蜓的视角铭记于心……多想想为何某个方向不对的原因。没错:多分析,多争辩。

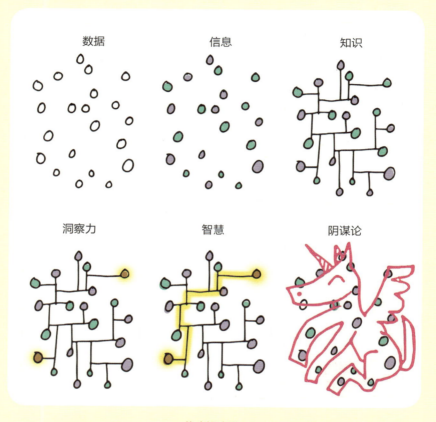

停止解读吧

2 连点不成线第一步

THINKING IN PICTURES

我的心里一直有一件事困扰着我,那是在30多年前,我还是报社的一名实习记者。有一天,一个失魂落魄的家伙带着一条劲爆消息走了进来,他声称要揭露政府部门的恶行。

社会福利部门密谋要杀他。

"他们控制了我的思想。"

"哇奥,"我边说边打量着他的脸。

他们迫使他把车开入对向车流,他说,他能感觉到自己被蛊惑了,双手比画着慢慢转动方向盘的动作。

我的第一反应?"胡扯!这家伙真的在路上开车吗?要真那样,他早死了。"

然后他说:"警察说我有妄想症。"

"他们这么说的?"

连点不成线

"可是假如有人要杀你,你肯定会变得疑神疑鬼啊。"

然后我想:"等等,有道理啊。是的,没错,假如有人要杀你,你就会疑神疑鬼。"我知道这是个老掉牙的笑话,但我认为他是认真的。

他把所有线索都连起来了。

"连点成线",就是把碎片化的证据拼凑起来,借以弄清事情的来龙去脉。当别人觉得我们无法理解时,就会让我们"串起来想!"那是聪明人的做法,他们会联想。

没错。只不过……即便是妄想狂,也一定有基于某些证据的内在逻辑,人人如此。而且有些可能真的是符合逻辑的。人人都在连点成线——你、我、我的兄弟——我们都在串联信息、寻找模式和意义,当我们认为自己找到真相时,我们就自认为找到了。我的同事在接种新冠疫苗时,有个男人对她说"你太天真了",他在"连点成线",我的同事也是。

这就麻烦了。因为这意味着,无论是真的还是妄想的,理智的还是不理智的,教授还是傻瓜(抑或两者兼而有之),所有人的内心感受都是一样的。你相信你的感觉吗?为什么相信?因为聪明吗?

当我在和我的兄弟谈话时,他让我觉得他很聪明。而实际上,他这种自以为是的聪明比无能更糟糕。因为这让他更加坚信自己的联想。他只知道这些碎片化的证据对他是有意义的。这也是我们所

有人一开始都知道的,而实际上却往往是不够的。我们很快便据此发现了某种模式及其含义,这算是人类的一种天分吧,但其实这种联想并不可靠。一旦受到质疑,聪明人总能异常轻松地辨别出真实的和虚假的模式,并且对结果十分笃定。一旦我们释放出我们惊人的推理能力,一切都能说得通。正如马克斯·普朗克研究所的理查德·麦克尔里斯所说:"永远不要依赖自己的聪明。"

接下来你会说:"好吧,谢谢你的警告,但我还是觉得当我看到刚才那张图时,我能看到一只粉红色的飞翔的独角兽。"(也就是瞬间依靠了自己的聪明,我都白说了!)你确定吗?

> 我们无须费力解构整个"他们要杀我"的阴谋论,就能直接从智慧的方框内跳出,陷入幻想。我们有一千种方式来做到这一点。如书中所讲,人为失误的清单很长:记忆会操纵你的幻想,感知很容易被欺骗(参考视觉偏差),最糟的可能是,人被认为是由认知偏差所充斥着的"行走的谜团",会扭曲不利证据。这类认知偏差有很多,各类书籍也多有论述,有些是老生常谈了,但有一种偏差最能说明问题,这个偏差最严重也最易识别,你可能有所耳闻,那就是:确认偏差(与"我方偏差"密切相关)。确认偏差类似于:我们倾向于确认我们的成见或猜想的证据,并

连点不成线

找理由驳回那些不支持我们的证据。

我们的观念与真相间潜在的矛盾一目了然。正如一位理性思维皇家学会的成员所说:"在已知的50种偏见中……49种无伤大雅,只有1种正在摧毁文明。这最后一种正是确认偏差。"这的确有点贬低前面的49种的嫌疑,但它确也是事实。之所以说它"摧毁文明",是因为确认偏差会让我们所有人都沦为内战的支持者。无论我们立场如何,我们都会找到证据来证明自己是对的。接下来,我们就会将另一边的人视为白痴或恶魔。

聪明的思考者争论的是,我们是否为自己的认知缺陷所困——有人说,这世上少的是霍默·撒皮恩(Homo Sapien),多的是霍默·辛普森(Homer Simpson)⊖——或是我们能否学着克服它们。这部分我们先跳过,目前来说,这不重要。现阶段,我们需要达成的共识是:我们是极易犯错的——我们永远都有看到粉色独角兽的可能——这一点也得到了多数聪明思维专家的认同,否则他们就失业了。的确,我们目前只能认识到这些,我们不知道应该如何应

⊖ 霍默·撒皮恩(Homo Sapien):智人,智者;霍默·辛普森(Homer Simpson),美国电视动画《辛普森一家》中的一名虚构角色,是一个时常犯蠢、懒惰与暴怒的人,是部分美国工人阶级的典型代表。——译者注

> 对问题。但这仍然是至关重要的一步。认识到这一点，我们就能克制自满情绪，做到"吾日三省吾身"。

这是聪明思维领域的一个常见话题：我们需要市场鞭挞我们那想当然的推理。许多此类书籍都这么说，让你觉得枯燥乏味。但那是另一种危险——即我们自认为已经自省到位了，于是变得自满，我们自以为是，觉得自己聪明，读过书……

也就是说，自省永无止境。各位可以用一张图片来警醒自己，我之所以选择这张图，是因为我感觉被戏弄了，它利用了我们的自负心理，让我们回想时感觉羞愧。当你看到前面这一组图片，从数据是如何变成知识，知识是如何变成智慧，你是否在想"是的，没错，就是这样的……"看到最后一张图片时，你是否大笑出声，认为这张图将知道一切的聪明人（比如你）和阴谋论的傻瓜以及其他疯子区分开来。你是否会会心一笑，因为你知道自己属于哪个阵营，自己是聪明人那一边的。你是否庆幸自己没有越界进入独角兽的方框中，是否为自己属于理性主义者而沾沾自喜？是这样的吧，年轻人？

很好，你也暴露了，又多一个上当的。我也一样，我的第一直觉也是如此，我们都以为自己多少都属于智慧那个方框里的，但其实我们极其容易受到偏见、误判和自满情绪的影响，我们本身也

连点不成线

是可笑的。我两次提醒你们要从自身开始找问题——"不要连点成线","首先是你自己"——你们却还是傻笑着看着这张图片是如何嘲笑其他人的,你们又错了,聪明反被聪明误,因为据我所知,这张图也在嘲笑着你我,而我们还没意识到这一点。当我们还在兴致勃勃地将我们认为是正确的点连接起来时,我们其实连接的是错误的点。

如此想来,也许我和我的兄弟也并没有太大区别。也许那些权威机构在知名期刊上发表的、同行评议的权威科研成果,最终遭受质疑,也没有什么好惊讶的。也许聪明思维也是如此。

换句话说,对于聪明思维领域的新手来说,最好的质疑行为之一,就是对你自己的聪明思维和读过的书持怀疑态度,质疑所有书,也包括这一本。

所以就让这张图来时时提醒你:智慧与飞行独角兽、理性与非理性、真实与虚伪、逻辑与错误之间,往往仅有一步之差;认知陷阱处处皆是,最糟糕的,是我们自以为是的推理,但我们却痛恨承认这一点。有位诗人曾说过:"世界上最难消逝的,就是对自我认可的渴望。"

(打起精神来,重点来了)除非大声喊出自己的错误,否则我们永远不会去弥补它。这种认错,不是笼统地承认"是人就会犯错",而是关于你我的、具体的,无论我们自以为有多聪明,无论有多出乎意料,我们都要承认自己的错误。"我叫迈克尔,我看到

了粉红色的飞翔的独角兽。"到你了。

一旦宣之于口,一切就都变了。尽管我们还是不知道应该做什么,但关键是一定要说出来,因为说出来问题就变了。此时,问题就不再是我们知道什么、我们对世界的了解,或者说是我们以为的世界的真相,而是我们要如何证实我们认为的真相就是真相。否则,我们怎么知道我们以为的真相不是粉红色的飞翔的独角兽呢?这是思考方向和关注点上的重大转变。认识论学者从哲学的角度来解释我们对知识持有的信念,有时将其归纳为"信度"问题。

不难想到,问题的关键在于如何辨识出可信的知识获取方式、可信的来源和可信之人。在我看来,可信度问题不可小觑(只不过生活的复杂性,使得可信度也并非只有可信和不可信两种,可信度也分等级,这一点后文会谈到)。缺乏可信度正是科学界复现危机的来源。

不过,这反过来又制造了一个令人望而生畏的难题:区分优质证据和劣质证据,区分优秀的研究方法和一般的研究方法。奇怪的是,研究方法问题并未引起太多关注。其实,研究方法也很容易出错,而且能迅速使问题变得复杂。虽然本书肯定不是一本探讨研究方法的教科书,但也不会回避:"他们怎么知道的呢?研究结果的可信度如何?逻辑严谨吗?"除了路标外,面对任何声明和信息,这些都是我首先想到的问题。

连点不成线

至于非专业人士该如何判断信息的真实性,我们将在后文进行探讨。现在请告诉我,你之所以相信自己的认知,是因为你"自己做了一番研究",我希望你说的研究,不是在百度("百度万能论")上搜索来的,然后再找人来认证你的观点(再加上确认偏差)。这真是你的研究方法?好吧,那我们可有事干了。

先从你自身开始:现在的一切只关于你、关于你的内心,你的外表或声音,你的小组、团队、派别、站位,你的自洽,这一切都不重要。如果可以的话(虽然做不到,但你可以一试),暂时忘掉所有的外在事物。这与你的对手也不相关。如果你想好好思考,就要谦虚、常反思、保持好奇心,认真对待。至于他人的愚蠢,你可以稍后再批判。

> 炫耀聪明无异于自讨苦吃。跟头摔得最惨的当属FTX未来基金(一个关注生存风险的投资基金项目,宣称用理性思考实现利他主义)。2022年末,FTX未来基金低估了其项目本身的生存风险,导致FTX大厦轰然崩塌,这使许多人倾家荡产。

所以,聪明思考的首要任务,也是第一步,就是将自我与理智剥离开来。这也是最难的,因为自我意识可以神不知鬼不觉地将理

智生吞活剥了。所以此类书中都暗含一个观点：要培养挑剔的、多疑的自我意识，否则自我意识就将杀死你的认知。最近就有一本关于这个主题的书问世了，书名就叫《认识你自己》。

以下，是三位大名鼎鼎的聪明思维专家亲身实践偏见学（即观察分析他人的偏见）的例子。我们以新冠肺炎的爆发为例，背景是2020年年初病毒刚开始侵袭西方。那么这三位有像他们要求我们的那样，做到冷静、理性地思考，不带有任何偏见吗？

1. 《助推》一书的作者之一——卡斯·桑斯坦，在《让我们对新冠病毒感到恐慌的认知偏见》一文中写道："现阶段，无人能确定新冠病毒对我们究竟能造成多大的威胁。但有一点显而易见：许多人都在无来由地恐慌。"他将此归咎为一种被称为"忽略可能性"的认知偏差："比如一个中等城市的居民，可能由于满天飞的谣言，或是身边有一个或几个人被确诊，就会担心自己被感染。而实际上，对那座城市的居民来说，感染风险很可能极低，甚至远低于日常生活中为人所熟知的那些病毒，例如流感、肺炎或是咽喉炎。"（这是在新冠疫苗问世之前。）

连点不成线

2. 风险研究专家——保罗·斯洛维奇，几十年来，我一直在拜读他的大作。他在《纽约时报》上发表了一篇题为《新冠病毒戳中了我们误判风险的死穴》的文章，文中写道："我们的感觉并不擅长计算。"人们只关注死亡人数，却忽略了98%的患者正在康复或是也有轻症病例的存在。我们反应过度了。

3. 格尔德·吉仁泽，另一位我钟爱的智者，他说只有在事后才能知道，我们究竟是低估了新冠病毒，还是对其反应过度了。在随后与猪流感和恐怖主义袭击进行对比后，发现我们很少有人真正受到新冠病毒的伤害。他说我们在处理类似新冠疫情这样的问题时，应该让"头脑更冷静"，我们需要更强的风险识别能力。他的文章标题是《为何没能杀死我们的反而使我们更恐慌》。

上述三位都属于智慧方框阵营吗？还是说他们越线进入了独角兽方框？尽管有过警告，但这三位看到的还是恐慌和过度反应。不知各位是怎么想的，反正我怀疑他们自己都不确定自己是否是对的。我们究竟是反应过度还是有所疏忽，或者兼而有之？也许政府行动不力，多数人不以为然，有些人付出了生命，但拿新冠病毒感

染（英国死亡 20 余万人，美国约 100 万）与患上咽喉炎做比较似乎稍显不妥，不是吗？因此我有点怀疑，这些能识别偏见、批评他人缺乏风险识别能力的观察者们，真能像他们自以为的那样那么洞察世事吗？假如批评偏见是你的武器，你会发现到处都是它的用武之地。但也许那也是你的偏见。在现实世界中，即使是向我们展示人们会出错的那些工具也会出错。

"那些反对我的人，只有他们摒弃认知偏见，他们才能知道我是对的"，这似乎是聪明思维的常见表现形式。毫无疑问，我也经常这么想。但是，可以这么说，对认知深入了解后，也未能如我们所愿，让我们做到绝对客观。

不过，我仍然认为上述三位都是绝对的智者，他们的书绝对值得品读。但我们所有人，即使是最聪明的人，也很容易越线。而既可能洞察未来，也可能让我们自欺欺人的偏见学（就像聪明思考一样），说白了，就是我们在随心连点成线而已。

为时尚早

好吧，方法都有用，只是要分情况，对症下药。准备好使用你的蜻蜓复眼了吗？

1. 首先，点是肯定要连的。我们无法逃避决策。否则，如果自我意识和自我质疑将你变成一个优柔寡断的、自恋的无

连点不成线

用之人,不知道该想什么该做什么,只会坐在那里权衡利弊,又有什么用呢?

2. 其次,我们能否确定,过于自我是聪明思维的敌人?适度的自信有时是有助于独立思考的。那么,聪明思维领域的书的论调都是谦逊而无我的吗?其实不然,其中一些甚至是我读过最自信满满的著作。谦逊的聪明思维这一概念,自始至终都一直有潜在的矛盾之处。

3. 从根本上说,没人能在缺少思维架构(道德、意识形态等)的情况下,通过那些零散的点来观察生活,这被称为"本然之见",而我们所有人的推理必定始于某种思维基础。当然,不是说我们不能尽力去做到保持中立,更不是说我们鼓励包括科学在内的所有思维学科去搞帮派。但是,我们可以用一些可实现的方法来无限接近目标:我们不奢求人人都能完全摒弃先验知识,但求人人都愿意更审慎地对待它们。退一步讲,即便在第一个纯数据的方框内,所有的点就都是客观随机排列的吗?怎么可能,后文马上就将谈到这个问题。

4. 实际上,最后一点质疑是:如果我们真的那么容易犯错,那我们是否根本就做不到去进行聪明思维?尤其是许多书中都认为人类是非理性的、愚蠢的,如心理学家兼作家的史蒂芬·平克所言,我们都是"现代洞穴人"。若是把这些

质疑都集中起来,我们能保持聪明思维的概率就从 50% 直接降为 0,绝对的客观根本做不到,在座的各位都是尼安德特人。放弃吧?

但是,如果我们的思维真的如此糟糕,那我们连过马路都会成问题。发达国家也就无法在 200 年间将孕产妇的死亡率从 800/100000 降到 5/100000。如果理性可望而不可即,那民主、辩论、科学的出现又该如何解释?史蒂芬·普尔写道:"理性是一种社会机制,它的可信度为文明社会的所有文明和政治制度背书。"注意,是文明社会,而不是什么水边部落。

所以,即使科学会堕落,会产生确认偏差和糟糕的推理,会被虚荣和利益所蛊惑,即使我们每个人都会发生误判,我们还是能够把握分寸。所以,如果不承认自己会犯错,那就大错特错,但会犯错不等于没有成功的可能。我们仍在学习,仍在发现前所未有的新事物。大量证据表明,人们并非只会固执己见,而是也会关注客观事实——这是毋庸置疑的。举个例子,假如一辆大货车正朝我们疾驰而来,我们一定会避让,而不是待在原地坚持认为一定会没事的。真相往往就在眼前,一目了然。独角兽方框的确存在,可旁边也还有一个智慧方框啊。

还有一种聪明思维,我称之为"理性之争"。人类基本上都是愚蠢的,哦不,他们实际上很聪明,哦是的,他们的确愚蠢,但一

连点不成线

旦读过我的书,他们就会变聪明了。我的结论就更无趣了,对我们所有人来说,拥有聪明思维是有可能的,但如我所说,希望和失望是并存的。结果祸福难料,各位,就是这样,而且即便你饱览群书,结果也一样。那么第一步,先把原点图和独角兽贴在你的桌子上,让它们提醒你希望和你的认知偏见并存,二者相伴相生。还有,如果你认为自己是个无畏的怀疑论者,那就证明给我看,从你自己开始。

后记

那个男子后来怎么样了?我只记得,当时我都快黔驴技穷了,既让他感觉得到了帮助,又不能助长他的妄想情结,在我表示无法保证让他的爆料登上头版后,他十分沮丧。我是否成了阴谋论的一部分?他说他在努力与别人对他的精神控制相抗争,我想这倒是让我稍感安心。我不禁又想,这是个骗局吗?但其实,他当时已经在政府的监视名单上了,所以如果他骗了我,那么他也骗了他们,不过我觉得不是。总之,希望他最终得到了有效的帮助,解开了心结。我当时是否该多做些什么?现在想来,恐怕是的。不过至今,我都没有再看到或听到任何关于他的消息,也从未将他的故事写出来。当然,也没有出现过任何怪异的车祸新闻。

朱莉娅·加莱夫在《侦察兵思维》一书中,提出了一系列针对连线方式进行检测的小测试。以下是其中几项,其余测试,各位可以去她的书中自行查阅。

- 选择性怀疑测试:在我看来,是否有某种修辞手法、论证方式或证据类型,即使被对手使用,也同样具有说服力?还是说,我的质疑是有选择性的?
- 双重标准测试:我是否用要求别人的论证标准来要求自己?
- 局外人测试:在我看来,是否有哪位的推理是独立的、不属于任何一方的,现在请扪心自问,这位是否也会得出与我相同的观点。
- 意识形态图灵测试:如果我认为自己真的了解对手的观点或论据,那么我能否用这些论据去与他人争论,并让他人认为这就是我的真实想法?
- 还有一个我觉得很有意思的类似测试,来自珍妮弗·索尔和菲利普·泰洛克:遮羞测试(the figleaf test ⊖)。你是否擅长为同僚遮羞,却总是扯下对手的遮羞布?

⊖ the figleaf test:figleaf 即无花果树的叶子,17 世纪中期,罗马教皇以有伤风化为由,命令将梵蒂冈博物馆里所有裸露生殖器的雕塑都加以处理,再在上面加一片无花果树叶形状的物体。而之所以选择用无花果树叶,则源于圣经中的一个小故事,夏娃和亚当当时偷吃的那棵生命树正是无花果树,二人偷食禁果后倍感羞愧,便都用无花果树叶遮挡各自的私处。于是,在英语文化中,常用 fig leaf 来比喻用以掩盖真相或丑闻的行为。 ——译者注

连点不成线

术语

- 元认知：即对思考方式的思考。为聪明思考家所推崇。
- 慈善原则：抱着与人为善的好意去看待对手的论点和动机，并采纳对对方观点最有力的解释。因此又称"钢人论辩"（steel-manning），与"草人论辩"相对。

元思考力

如何简单而高效地思考

你在数我吗?

3

羊数不可数
数字非天然

THINKING IN PICTURES

正如我们所见：有几只羊？

很显然，2只。下个问题。

嗯……

也可能是1只？

因为有1只是羔羊，还不算是羊？话虽如此……可羔羊不是羊吗？

好啦，我知道，答案取决于你是想按常理出牌还是想显得与众不同，可能你会说这是精不精准的问题，也可能取决于你数数的目的——比如，你是个农民，你想知道今年有多少只成年羊能提供羊毛，或者羊群里有多少只羊可以宰杀了，或者还有些我不知道的原因，因为我既不懂农业，也不懂羊……

要这么说的话……是1只半？

羊数不可数

万一图中的母羊正怀着孕,且即将在10秒内再度分娩(事实虽并非如此,但这样假设也不是不行),那现在又算是几只羊呢?3只羊?1只成年羊和2只半羊?2只成年羊和1只半羊?2只羊?1只成年羊加1只半羊加1只四分之一羊?还是1只?话说回来,那只羔羊看着挺大个的,我们能确定那是只羔羊吗?

拜托!图上就是2团白色的毛茸茸的东西,这下可以确定了吧?

也许还是不行。数完1团之后,问题又开始变得棘手了。

威尔士郊外的2只(最接近的)羊究竟有什么要紧的?因为这是一切推理的起源。当人们在谈论世事时,他们是怎么知道的呢?因为他们认为自己有证据在手,而所谓的证据往往就是数据、数字、测量结果、计算结果。他们往往是对的,或者说足够正确。但是请记住,每一个数字,每一组数据,每一次统计,每一个表示数量多少的声明,每一种被评定为有效或无效的药物,每一个经济走势——失业率、GDP、贫困率,每一次衡量比较,每一个量化的风险……实际上,这世上但凡经过计算或测量的,都是由人来决定计算的内容和计算方式的。

这个决定者是谁?又为何要如此决定呢?

问题就在这里:要了解事物,就免不了要与数字打交道。抽象地数数(比如1、2、3)不难。因为某种程度上来说,这也是真实的,听上去很客观。但注意:世界可不是这样的。

要数出自然界中实物的数量,就远不止是数数的问题了。它

所涉及的，是纷繁复杂的实践和细枝末节，是我们如何能强行将事物列入规整可数的类别中。有些数据听上去再合理不过了，可实际却并非如此，假如想了解更多此类实例，可以去看看哈索克·张的《发明温度》一书。

你觉得这显而易见吗？你认为所有人都知道被倒入数据分析大熔炉里的材料的重要性吗？也即被超智能的数据分析界称为数据质量或数据设计的重要性。"错进错出"这句话已经把耳朵都听出茧了？可你真的理解吗？

正如谷歌的首席决策师所言："若果真如此，那面对如此关键的数据质量，为何都没有一个专门的岗位来凸显其重要性呢？"卡西·科济尔科夫说道："告诉我，如果说整个行业的所有专业人士都谨记'错进错出'这句话，并且也都深知设计高质量的数据集绝非小事，那么证据在哪里？谁能证明我们的确在这样做？"也就是说，谁在负责确保数据符合要求？她说，似乎没有人清楚。

你可能认为只有刚开始接触聪明思维的人才会忽视数据质量，其实不然，哪怕你涉猎了再多知识，这个难题会依然伴随着你。可以说，无论是谁，都应该贴几只羊（1只还是1只半？）在书桌上。

问题的关键之一还在于，数数还涉及描述性词语和分类，即我们要选择什么样的标签来标示我们要计数的物体，以及这么做的理由——是羊还是羔羊？——因为这会影响计数的结果。这些标签是我们赋予的，而非事物本身自带的，也就是说，计数也是一种权力，一种决定计数的对象、方式和使用何种标签的权力。所以必然

羊数不可数

还涉及已有的信仰、习惯、偏见和设想,最后再加上枯燥的实际数数环节,所有这些都能在某种程度上影响你的决定。

计数已经成为人类 99% 的统计数据的关键核心,包括用于训练人工智能或机器学习的数据。

我不是说自然界中的事物都无法分类,或者都不可数,也不是说每一种分类都有问题。实际上,有些分类就做得很好,反映了一定的真实性。但也有一些,就带有明显的人为印记。在现实生活中,即使数到 1 都可能比想象中难得多,我们经常看到、听到甚至接受的许多数据,其实都存在分类问题,有的干脆忽略这一细节。但这个细节足以改变一切。数据并非摆在那等我们去收集,它是由我们共同创造的,而这个创造的过程就需要仔细审查。这一切(所有这些数字,每一种细节)都是由人塑造的。

> 所以,标签和分类很重要。有个标题这样写道:"每 4 个男孩中就有 1 个是小混混",有项调查将"小混混"定义为"恶劣的、持续性的犯罪人",那么这个标签意味着什么呢?原来"犯罪人"也可以指绊倒、推搡他人的人。有趣的是,这个"他人"也可以是你的兄弟。就是说,假如你推了你兄弟一把,那你就也会被列入"暴力侵犯"一类。在这项调查里,人人都是羊,没有羔羊一说。神奇的是,竟然只有四分之一的男孩符合这个定义。

这一点听起来微不足道,也正因此,才往往被忽视。可当我们意识到这一细节的重要性时,就会惊讶得目瞪口呆。有多少精明人曾信誓旦旦地宣扬某个数据,到头来却只是无效分类或有意贴上的标签?真不知道哪种情况更糟糕:他们是知道还是不知道的好。

有趣的分类定义还有:

> 2021年夏天,英国政府承诺将建造"40家新医院"。你认为"新医院"的定义是什么呢?原来,新建了侧楼或翻新重修的医院也属于"新医院"。后来,连"已建成的"和"需要翻新屋顶的"也被列入其中。数羊?羔羊算不算?对于计数来说,文字表述很重要。
>
> 英国广播公司(BBC)曾有这样一则标题:2020年英格兰每10名因感染新冠病毒而死亡的患者中就有6名是残障人士,下面还配有一张一个人坐在轮椅上的图片。如图所示,嗯?这下我们都知道"残障人士"的含义了,就是坐轮椅的人嘛。而实际上,此处所指的"残障"是指日常活动长期受身体所限的人群,甚至也包括岁数大了而行动不便的老年人。所以新冠病毒究竟是对残疾人危害更大,还是对老年人危害更大?几乎有同样数量的非新冠死亡病例也符合这一定义。
>
> 2020年,英国国家统计署称:现有的GDP季度增长

羊数不可数

> 率应该为 0.3%，这个数字可能会有上下 0.3% 的浮动——但究竟是上还是下，他们不知道。为何会这么模糊呢？因为我们的统计对象（整体经济形势）可能会发生各种变化，而我们未必能及时跟进，也就是说，我们对需要统计的对象只有一个大概的认知。很少有专家在探讨 GDP 时承认过，对瞬息万变的经济数据进行统计究竟有多难，所以他们才总是低估数字的不确定性。

这些例子的共同点在于：他们都分不清或弄错了计数对象。这表明，在计数之前，我们需要对对象进行合理性检查，让它具象化。（试着描绘一下"经济"的样子，你就会意识到对经济进行量化究竟有多难了。）上述几个例子中有部分摘自大卫·斯皮格豪特的《统计的艺术》一书，书如其名，统计的确是一门解释和判断的艺术，而并非一板一眼的现实科学。几乎在所有探讨数字、统计、新闻数据的通俗读物里，都有大量此类事例。大卫还在书中列举了一个绝妙的例子：根据美国不同州对死亡证明的界定法律，你可能在某个州已被判定死亡，而在邻州却还活着。

如果你想了解某个事物，就要先想想我们的统计方法。永远不要忘记最开始的第一步，就是将纷乱的生活转化为数字的过程中，我们使用的是统计数字和数据。这虽然不是数据处理的全部，但却

是最常见、最基本、最容易被忽略的部分。那张羊的图片提醒我们：要将人类数据放到自然中去解读，因为如果想知道某个数据的来龙去脉及其真实价值，我们就必须身临其境（老话不是说嘛，最好的经济学家必是双脚沾满泥土的）。

换句话说，每个数字都有其出处背景。可你了解吗？还是说你也只是被那些名校、研究机构、咨询公司或政府的高超的分析技术所折服，这些机构其实都有一个通病，虽然他们做了大量的数据运算和分析，而且完成得很出色，但他们的第一步——计数，就已经含糊不清了。

即使是有时比人类更有洞察力和理智的人工智能，也只是在脱离具体环境、孤立地解读数据，它们被训练成以人类已有的视角和计数方法来看待事物的"机器"，除此之外再无其他。这样的数据与所有其他数据无异，同样模棱两可，"羊羊分不清楚"。

> 我最早了解到的一个案例，是一个风靡全美的预测未来犯罪行为的软件，这个软件通过计算……具体计算什么？无论它计算的是什么，该软件已被认为是对黑人罪犯有明显的偏见，其对白人罪犯行为持乐观态度（即推定为风险较低），对黑人罪犯的行为则持悲观态度（即推定为风险较高），而后来事实证实结果并非如此。事件主角——

羊数不可数

ProPublica公司对此判决结果提出了异议,并在进行调查后,坚称他们的预测是准确的。

对黑人罪犯再犯率预测的不同错误情况		
	白人罪犯	黑人罪犯
被标记为高风险,但实际没有再犯的	23.5%	44.9%
被标记为低风险,但实际再犯罪的	47.7%	28.0%

　　这张表引发了一场关于"算法公平性"的大讨论,并被引用了成千上万次。我从中得到的最重要的启示是,数据不能脱离社会背景而存在。数据并非纯粹的数字,不能超脱生活的复杂性。如若被错误使用,就会强化现有的偏见和成见,无论是计算领域、机器学习领域还是其他任何领域,都难以幸免。运算法则(即为作决策而运用的一种公式)听起来像是某种顶尖智慧,但是用汉娜·弗莱的话说,它们在某种程度上,只是一面镜子,它们只会将我们对生活的错误观点和偏见等一一反射给我们,从而导致我们做出错误决策。它们反映的不是具体情境,而只是已有的、人造的数据。而且我们可能永远也无法知道它们的计算方式,毕竟这往往都是商业秘密。

小提示

在尝试做任何涉及数据分析的事情之前，尽量先找了解这些数据的领域专家咨询一下。例如，目前你在查看医疗数据，那就问问相关的医生，在他们忙得焦头烂额与血肉打交道的一天中，这些数据对他们是否有助益，或者这些数据在它们要描述的领域是否有意义。

在"数据能告诉你什么真相"这个问题下，还隐藏着另一个观点：实际上，数据本身无法向你透露任何信息。按照这个说法，我们永远无法仅凭数据去获知事物的本质和原理。在数据被赋予意义之前，它对你毫无意义。在此之前，它只是一个抽象的符号。一旦接受了这一观点，一旦你承认在使用数据之前，你还需要知道或无意识地思考了许多其他关于数据的信息，你就会明白，所有信息都处于一个纵横交错的网络中，你就会明白，在我们出于任何目的去使用数据之前，还需要考量多少具体信息、理论和实际情况。所以，"图中有几只羊"这个问题的答案是：看情况。告诉我你们想了解什么，为什么想了解，我们可以来探讨一番。正如普林斯顿大学计算机科学系教授阿文·纳拉亚南所说："在复杂的公式和回归的表象背后，是关于世界和数据集的粗略的假定，且这些均未经质询。你必须得了解到这一层,才能理解你所接触到的任何统计数据。脱离背景的数据本身是毫无意义的。"

为时尚早

首先,为了不误导你,让你以为所有算法都存在偏误,我们可以看看美国抵押贷款的例子,据说随着信用评分的自动化程度越来越高,其误差也越来越少。你没听错,自动化程度越高,误差越少(虽然还远不够完美)。

一般来说,数据不是自然形成的,这一点没错,但问题是,即使你质疑了所有的计数方式,这个问题依然存在。你还是得数羊!

所以,说吧,到底有几只?这个问题你是逃不掉的。给出答案之后,要想好该如何解释你的答案以及如何使用它。

之所以这样是因为,虽然数据不能直接反映事物本质,但它可以成为线索,成为足以提供有用信息的线索。换言之,数据是所有证据类型中,最有说服力的证据。数据处理不好,结果一定好不了。数据处理好了,就有一线希望,这就是我要表达的。我们必须抓住机会,尽我们所能地利用好手中的一切。这意味着我们可以选择:是一边喊着"一切都是假的"一边绝望地摆手,还是穿上靴子,亲身去尽力探究一番。

也就是说,不能因为有些数字有问题,就忽视数字。"我发现有问题,所以我一概不信"与什么都信一样愚蠢。没有数据,你怎

么能了解气候变化呢?朝窗外看吗?这其实也是一个数据点[○],你会怎么做呢?因为一个数据中的小瑕疵,就否定所有的相关论据?发现错误的感觉的确不错,可如果你认为一个错误就足以否定一切,那你自己就成为一个判断错误了。如若真的这么做,那所有观点都会被你否定得一干二净。如果不测算药效,我们怎么知道治疗性药物是否有用呢?还是说,但凡医药公司卖了能获得利润的药,你都拒绝使用,因为他们的动机不纯,所以数据可疑。那就恭喜了,你对纯粹的追求,提高了你的死亡率。

因此,千万不要因为某些数字是谎言或是你发现了错误,就将所有的数据都视为万恶的谎言。我们需要数据和数字,因为它们会启发我们,它们是我们探索真理的有力的、不可或缺的、往往也是最好的工具。但同时,它们也是脆弱的、片面的、甚至可能是完全错误的。所以,我们要找的,不是简单确定的答案或无懈可击的方法,因为这些根本不存在,而是用不完美的证据做出判断。数据虽常有瑕疵,却也能向我们透露一些信息,而我们的任务就是去发现它们。所以,不要全盘否定数据,试着去了解它们的独特规律。试着保持数据的真实性,通过追本溯源,(尽可能地)设想出数据中承载的真实情况。这是唯一的方法,习惯就好。下一章我们将讨论如何平衡怀疑的度的问题。

○ 数据点,是指在数据集中的每个数据实例,也就是数据记录里的每一个数值或项。数据点可以是数字、文字、图片或视频等形式。——译者注

3 羊数不可数

几年前,我从伦敦前往利兹的途中,恰逢英国中期大选,有一家薯片公司在路边推销,他们将各个党派领袖的头像印在包装袋上。这几乎可以算是一次民意调查了:支持哪个政党,就选择哪种包装的。

数据背后的故事是什么?

从图中可知，自由党包装的薯片（橙黄色）销售火爆，货桶里一包也看不到。保守党（蓝色）情况也不错，只露出了边缘的一点点薯片。工党（红色）那边的薯片还堆积如山，无人问津。

……或许非也。

仔细思考你看到的内容，结合图中现场的具体情形，捕捉图中任何可能相关的信息，给出 10 个理由（认真的或离谱的都行），解释货桶中的薯片数量为何会这样。这道题没有正确答案，只是个小游戏，但你会从后面的文字中得到些许启发。如果我直接把数据给你，你可能会一股脑地全盘接受。但有了图片，你就能看到数据背后的生活。这就是技巧：透过数据去描绘其背后的生活。

术语

- 数据：Data 一词源自拉丁语，意为"被给予的"——但千万别忘了，它其实并不是被给予的，而是部分被创造的。这种认识风险从一开始就存在。

关于薯片数量的一些解释

- 人们选择的是口味,而不是政党。
- 它们都是相同口味的(事实正如此),但人们认为它们不一样。
- 这完全与大多数人在此时间段过货桶的方向有关。
- 这与住在国王十字车站附近的是什么人有关。
- 当时是上下班高峰期,所以附近都是坐火车通勤的人。
- 卖自由党薯片的那个小伙子吆喝得最好。
- 工党选民不如其他党选民那么爱吃薯片。
- 卖自由党薯片的小伙子是个薯片狂热者,他自己把薯片都吃了。
- 他是自由党的支持者,每次都买一送一。
- 工党货桶旁有一只咆哮的恶犬,图中没有显示出来。
- 工党选民正在抵制薯片公司。
- 保守党选民对调查深恶痛绝,但又对薯片情有独钟,结果就排在了中间位置。
- 自由党人听说此事后,召集了大批支持者来左右结果。
- 买薯片的大多是孩子,他们不关心政治,但喜欢鲜艳的黄色。
- 卖工党薯片的人不停打喷嚏——路人都躲得远远的。
- 工党的货桶刚刚补了货,所以任一时候货桶里的薯片数量都说明不了任何问题(这就是计算存量和流量的区别——注意后面的箱子)。
- 图中另一个人整天都站在工党货桶旁争论政治问题,挡了路。
- 不是支持谁就买走谁的薯片,而是支持谁就把谁的薯片放回桶里(这是我听过最离谱的解释,但想象力值得点赞)。
- 以上任意情况的组合。

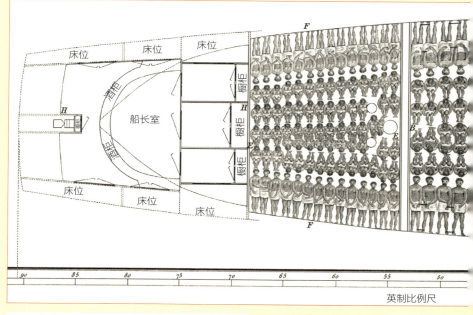

强烈的视觉冲击

J·霍克斯沃思为维吉兰特号双桅船绘制的版画,出自1822年伦敦公谊会分发的反奴隶制小册子。

4 计数人性化

情境很重要

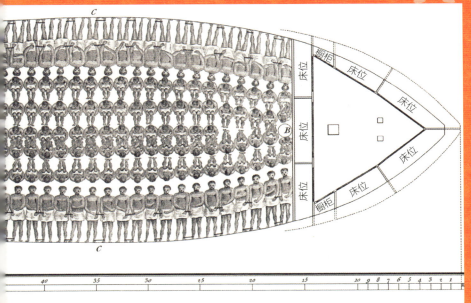

历史上，大约有1000万至1500万名奴隶被运过大西洋，其中约有200万人死在航行途中。这些数字令人难以想象，而前面这幅图则将其生动展现出来，令人更感痛心。震撼你的，是图中逼真的细节，那如绘图师般冷静而精确的笔触，为那些难以想象的数字赋予了生命和内容。你能看到一个个鲜活的而又不同的个体，却像一件件没有灵魂的货物一样挤在一起。我们也许还会注意到图片底部的刻度，然后视线上移，看到区区1.5平方米的空间居然要容纳三四个成年男子或5个女人。我们或许还能看到他们被按照体型和人种分了类，女人们蜷缩着挤作一团……种种都在昭示着贩奴交易对毫无人性的效率的追求。——并告

计数人性化

诫我们,人人皆身处地狱之中。

数据可视化大师爱德华·塔夫特以此图为例,解释他所说的"严肃观察"。他说,这幅图对细节的精准还原和对数据的量化是极具人性化的。绘制者观察到了每一个个体,然后将这个悲惨的景象淋漓尽致地表现了出来,这是一幅展现了347份乃至于数百万份个人苦难的肖像画。如果说,当我们想到数字、测量以及其他那些我们用以探寻真理的量化工具时,能有一张图来提醒我们要让数字活起来,要让我们看到数字在人类环境中的真正含义,那我一定会选这一张。

对待数字的两种粗暴、夸张的观点:

1. 它们是客观的、务实的、具有启发性的。数据不会说谎!牢牢把握数据的力量!
2. 它们是谎言,该死的谎言,它们大言不惭地宣称自己是客观的,但我们知道它们是片面的、有选择性的,就像那些滥用它们的阴暗势力一样。

"看哪,有数据!"持观点1的人,天真又自负,极易被骗。"谎言,都是谎言!"持观点2的人对一切都感到失望,于是退回固有

偏见的安全区,不再相信任何已被他的悲观情绪阻挡在心门之外的事物。

持这两种极端观点的人并不多,但我们往往都倾向于"速战速决"。遇上合我们心意的数据,我们就急迫地将其归为观点1,认为其客观又真实;遇上不合我们心意的,就将其视为观点2,认为其大概率是有问题的。这两种观点都存在的问题是它们都认为数字是非黑即白、非对即错的,我们认可一部分,就必然否定其他部分,而且我们早就知道哪些是对的。

显然,还有另一种选择——介于容易上当的"1"和悲观否定的"2"之间。但这种选择的缺陷也是显而易见的,这个"中间法"需要做工作,我们需要对所有的数据都进行分析和解读。因为数据无法为自己辩解。

而这对很多人来说是一件十分吃力的事。学习解读数据可能要花上一辈子的时间——有些书会介绍多种解读技巧,而正当你觉得自己学会了,又会有些佳作冒出来说解读数据其实是一门艺术。我们非得学吗?在转入其他有关聪明思维的焦点问题之前,我们还能介绍哪些有关数据的内容呢?

深呼吸……放松。解读数据可能是得花点功夫,但往往并不多。使它们人性化,将它们放到生动的情境中,我们就成功了一半。这一步几乎不需要任何技术和技巧。情境化是聪明思维的一大要义。

计数人性化

关于数据解读,汤姆·奇弗斯和大卫·奇弗斯提供了一种简单思路。数字 2 的具体含义是什么?正如前文所说,在日常生活中,如果没有具体情境,数字 2 毫无意义。2 个什么? 2 个人,还是每年加薪 2 英镑?汤姆和大卫·奇弗斯用一个简单的方法来说明这个问题。数字 2 到底意味着什么?无论大小,无论多少,情境赋予数字意义。

道理很简单。我们来加大难度,做几个测试:100 万英镑是个大数字吗?对你我而言,可能是;但对整个经济体系来说呢?沧海一粟。所以还是取决于情境。那 10 亿英镑呢?还是要看情况。假如把这 10 亿英镑,放到过去 5 年英国医疗服务体系总预算中,那平均每年的预算增长率还不到 0.2%,远低于通货膨胀率。所以 10 亿英镑可大可小。死亡 37 人严重吗?也许吧。这要看是怎么死的,在什么时期死的,与什么相较,在什么情况下给出这个答案。"增长 20%"算多吗?不知道,如果基数本来就很小,即使增加 20% 也还是小。可如果基数本来就很大,增加 20% 就不容小觑了。那风险增加一倍呢?那要看一开始是多少了,这样的例子很多很多。

这些例子虽简单明了,但我还是要反复强调,之所以这么做的唯一原因在于,数据总是会莫名其妙地脱离情境、变得抽象,仿佛我们忘了之所以使用数据是为了了解对我们来说很重要的事物的具体数量。于是,一看到"增长 30%",我们就觉得不得了,我们甚至都不知道这个数据来自何处,所以就更不明白这 30% 究竟意味着什么。但凡涉及几千万乃至数十亿，听上去就是什么骇人听闻的大事件，后面那一串零看着就吓人。

要么，我们就干脆反其道而行，对数据充耳不闻。一旦发现数据奇怪又抽象，我们就会选择无视，因为我们无法理解它们。无论是哪种情况，信息都无法传递信息，因为人们很难界定或想象数据的实际意义。

但是，有一种方法可以部分解决这个"数字王"[一]的问题，那就是给数字添加情境，就是把数据放置在我们的世界——人类世界去解读。很简单，这就是数据的生命力所在，一旦它们变得生动、不那么抽象了，我们就能更好地理解它们了。实际上这并不难做到，因为你就是个活生生的人啊，你了解人类背景啊。你已经有"定位图"了。

其实，"定位"是个不错的比喻。在我们的定位图上，我们自己生活的定位图上，找出数字应该被放置的位置，我们就能看到它的价值所在。

具体怎么做呢？最好的方法之一，就是提出最简单、最幼稚的问题："这个数字大吗？"这问题可能幼稚，但绝对好用。我一半的职业生涯都在问这个问题，但很多重要人物在回答这个问题时都显得很愚蠢。

[一] "numberwang"，BBC 的一档游戏节目，两名参赛者轮流喊出一些随机数字，直到主持人喊出"这就是数字王！" ——译者注

计数人性化

之前有个英国的合唱节目爆火,有位官员就想借这个东风,他于是宣称要拨款 1000 万英镑用于校园声乐培训。这个数额大吗?背景信息是当前英国约有 1000 万在校生。如果将这 1000 万英镑平均到每个学生身上,就是每人每年 1 英镑,如果再平均到老师身上,就是每个带班老师每年可得 30 英镑。这就是将这一数额映射到每个班级的分配情况。再宏观的经济数据,只要将其平摊到受其影响的所有人身上,它们的意义就不难理解了。

还有另一种不同的映射方式,但却是用完全不能理解的抽象方式,似乎在大喊着:"太大了!""糟糕!""危险!"实际上也没有联系人类的具体情境。如下所示。

> 一个非常可怕的事实:烤面包片中含有一种叫丙烯酰胺的有害物质,这种物质会致癌!这个非常可怕的事实有一个备注:如果你每天吃 160 片,就有可能(虽然概率还是很低)致癌。建议:不要吃这么多。可众所周知,真要吃这么多"早就撑死了"。
>
> 可以说,英国食品标准局发起了一场关于烤面包片中的丙烯酰胺的公众恐慌宣传运动,名字就叫"勇夺金牌!",还好我在温顿中心的同事将数字与背景联系了起来。在此例中,就是指出要吃多少面包片才可能致癌,将

风险映射到每天具体的早餐用量上。现在,食品标准局的态度有所软化,但他们实际是怎么想的呢?我认为他们还是没有结合具体的日常情境,而是按照风险类别或安全系数、好与坏的分类来重新评判的。固定的分类固然便捷,但并非总是有用的。它们会轻易将事物断定为"可怕的",如果不考虑具体情境,所有的数据都可怕。即使是吸收氧气和喝水,如果剂量错误,也会对人体造成伤害,参见低钠血症。和别人一起睡觉,会使你暴露在辐射的危险中;与爱人的一个长长的吻,也可能会产生潜在的致癌物质。也就是说,生活远比我们那些抽象的分组要复杂得多,它并非非黑即白、安全不安全等简单的双向选择。要正确地解读数据,就必须脚踏实地,去找到它们的产生背景。

一个好的统计数据,必是有助于做出决策或形成观点的。要实现上述目的,就必须将数据放回日常生活中解读。这就是你要做的——还原。

——奇普·希斯和丹·希斯,《坚持不懈》

计数人性化

烤面包片的风险

背景和人数比例往往不难确定,所以任何对此闭口不谈的数据都让我抓狂。假如某个风险或引起恐慌的数据没有说明正确的人数比例,就很可疑。因此,我选择了一个最接地气、最家常的东西,来作为下一章关于数据的主题图片,让它来提醒我,对待数据时要尽可能结合人物情境。这张图片就是:离谱的面包片。

面包片是日常食品,真实又有形——你可以把它当早餐吃,而且你知道2片和160片的区别。除了一定要注意具体比例和相对风险外,还要当心那些抽象概念,它们也一定要是真实的面包片。让我们看看一共有多少片——面对那些抽象的数据或是骇人听闻的结论,一定要让他们"把面包片数给我们看"。有人说:"末日将至。"好好好……但请给我看看有多少面包片。还有人说:"我们将转型升级,发展改革,推动未来……"没问题,但请给我看看有几片面包片,让我们把"对现实的认识"进行量化。

映射是爱德华·塔夫特的一个比喻。他说,这正是那幅贩奴船的图片所要传达的:那刺眼的、无法想象的"1500万",被映射到这张图上,直击你的心灵。当然,映射也并非无懈可击,也不总是直截了当,但这是第一步。一旦映射到人类情境中,数据往往就更容易解读了。

我们所追寻的另一个词是"朴素真理"。它不是指确定的、绝对的真理,而是以人类活动为尺度,站在日常层面来进行衡量的标准,如置之于家庭、邻里、学校、职场等情境来衡量,而不是居高临下从宏观世界或抽象世界来衡量。"这个数据对于一个家庭意味

计数人性化

着什么?"就是一个很务实的问题。任何量化的事物,一旦被置于人类的日常经验范畴中,往往更容易被理解。然后我们就能看到这些数据的意义,如果有意义的话。

> 新闻上说,沉迷看电视会要了你的命。嗯……的确,如果你一直坐着不动,确实会有肺栓塞的风险,那把这种风险映射到在沙发上坐一晚上的情况呢?研究表明,虽然这种行为的确会导致肺栓塞的风险,但那需要我们平均每晚看5个小时以上,且持续看12000年。
>
> 这个例子足以说明问题。有些结论可能不假,只不过,又是这些数据看着像烤面包片但实际却不是。大卫·奇弗斯和汤姆·奇弗斯在《如何读懂数字》中写道:"过去25年间,伦敦市有361名骑行者死亡。"很多吗?当然,太多了。虽然从某种角度上来说,这一数据已经被赋予人性化,但要将这361起死亡事件与我的下一次骑行联系起来却并不容易。数据可以是真实的,但却未必有用。我真正想知道的,是我现在面临多大的风险,按照汤姆和大卫的说法,是千万分之一的概率。所以在此例中,361起死亡事件虽然听上去很严峻,但其实是抽象的,没有被映射的,并不具有普遍性,也缺少具体情境,每年虽有14例死亡事件,但谁知道是从多少次骑行总数中得出的,但结果却无限放大了骑行危险性。于我而言,此例中那个抽象的概

> 率就是面包片，就是千万分之一。要想结合情境来解读数据，可以回答这个问题："这个数据有何用？怎么用？"

几乎任何事情，只要表述得足够含糊，听上去都像是大事，可究竟有多大事呢？就拿专家意见来说，尤其是专家预测——净夸大其词，空话连篇。"鉴于海湾地区的当前局势，整体经济会出现真正的下行可能性。"嗯，通常会如此。可是，"真正的可能性"？"真正的可能性"是什么鬼？如风险与未来学专家——丹·加德纳所言，"真正的可能性"唯一能表达的就是它不会违背物理定律。

丹·加德纳和菲利普·泰洛克在《超级预测》一书中，称之为"模糊的废话预测"。而我喜欢的一个词是"知识戏剧"——在虚假舞台上的一场主题秀。放眼全世界，人们会为了这场秀花费高昂的成本。其实，你应该给我看看你的面包片，量化你的"真正的可能性"和能让你致命的丙烯酰胺，否则你就只是在为这场秀摇旗呐喊。假如这些数据真的意义非凡，那就展示给我们看。

> 英国广播公司的制片人曾给我打过一个电话，他说："我们正在构思一档关于叙利亚难民的节目，以期让人们认识到战争的残酷。"难民人数虽多，但却仿佛失去了意义。是听

4 计数人性化

众都麻木了吗？于是，为了让英国听众对这个小节目产生共鸣……我们将叙利亚的数字带到了英国。我是这样说的：

"假设，你是生活在大曼彻斯特地区的 250 万人之一，然后你离开故土。与这 250 万人一同离去。[一个较长的停顿]接着是泰恩威尔郡的全体居民，他们也离开了故土，仿佛走上了一条生死大逃亡之路。紧接着，是默西赛德郡的全体居民。在那之后，是格拉斯哥的全部居民，再之后近半数的大伦敦地区的居民也离开了。"

"这差不多就是联合国报告的逃离叙利亚的难民人数。如果你是叙利亚人，你会去哪？许多叙利亚人逃去了黎巴嫩，而后者本就是个弹丸小国，移民的到来使其人口骤增 40%。要知道，英国的净移民人数用了 100 年才达到这一增长率。所以，欢迎来英国。"

"而这些还只是逃去其他国家的难民。在叙利亚国内，还有数百万流离失所的人们。以英国来参照的话，除前面提到的那些之外，还要加上：大伦敦地区的剩余所有居民，伯明翰、贝尔法斯特、康沃尔、德文郡、多塞特郡、萨默塞特郡的所有人，诺福克、萨福克的所有人，再加上苏格兰的全部剩余人口、威尔士的全部人口，然后再加上谢菲尔德、布里斯托尔、布莱顿、斯温顿、普利茅斯、考文垂、莱斯特、利兹、剑桥……"

> 英国国土比叙利亚大，所以我们按照等比例参照——这提示我们，映射就意味着做出判断。后来，英国广播公司反复表示：听众都觉得很震撼。这并非思考战争的典型方法，我们只是粗略地、部分地回答了一个问题"那种规模的大屠杀究竟是什么样的"，我们只是把数字"带回了家"。

如果说数据的最大问题是计数对象的确认，那么接下来便是：无大小之尺寸，无背景之数字，无映射之抽象概念。

但是，但是，但是……在一个既为计数所困，又特别有底线的世界中，"数面包片"的建议是否会将一切都简化为金钱问题？

喂！谁提钱了？一片面包片根本不值钱。它的意义只在于我们已经了解它，对其十分熟悉。

另一种质疑是："我讨厌数据，它们冷冰冰的。"没错，或许是。但那也正是我们要尽力去对抗的。我们之所以一直在努力，是因为若用得好，数据对人类大有裨益。它们是一种认可，如果被计算在内，说明你的生活和经验起了作用。

关于数据，我们已经说得差不多了，假如把概率那一章也算上的话，还有一点小尾巴。上面两章涵盖了绝大多数有关数据的通俗读物的观点，主要是围绕计数对象的定义和背景化的人数比例，只不过那些读物对此的说法各有不同，充满了各种技巧。

计数人性化

为时尚早

贩奴船的图片绝对是一个令人震惊又痛心的例子,它赋予数字以人性化的情境,以展现非人性的残忍。但是,情境化总能取得这么好的效果吗?在此例中,数据情境化之所以成功,是因为事件本身在道德评判上是清晰的。那么,如果人类情境本身就是复杂的呢?那它就无法为你清晰解读数据。

换言之,那些添加情境的技巧可能非常管用,但我们不能自欺欺人。许多证据本身就是杂乱的、难以分类,难以解读,因为它所描述的生活是纷繁复杂的,同理,情境也一样。有时,我们需要各种数据,包括平均值这样的抽象数据,来掌握哪怕一小部分的情况,因为情况本身是十分复杂的。有时,平均值和概率可能是我们所掌握的最有用的证据(比如涉及风险时),虽然从某种程度上来说,它们是最抽象的数值,与任何现实个体都无关。有些经济数据(如国债),我们在家中就找不到参照物。国债不同于家庭预算(因为国家不会死亡或退休,也永远不用完全清偿其债务),所以你不能简单地将国债数值映射到家庭中来提供情境。更糟的是,最打动人心的数据可能是最具欺骗性的,所以我们不能仅凭感动,就将其视为"朴素真理"。换句话说,情境化的问题在于:"我怎么知道哪一个才是正确的情境?"

我们可以从多个角度来看待数据,而这往往正是数据争论的关键,即哪个角度或哪种情境才是最重要的。例如,感染新冠病毒死

亡，我们可以将其视为每个受害者因感染而损失的寿命（人均损失约 10 年，看上去很吓人了）。这是正确的情境吗？在我看来，这很人性化。或者，我们可以从英国全部人口的平均预期寿命角度来看问题，新冠疫情过后，男性的平均预期寿命从 80 降至 79，女性从 84 降至 83，这看上去似乎影响不大，尤其是 10 年前英国人的平均预期寿命就是男性 79，女性 83。哪种情境是对的？哪种才是面包片？

让我们将思绪倒回那些蜻蜓的复眼。解读数据，意味着用不同方法来看待数据，用一种方法检验另一种方法，还要时刻谨记各种方法的局限性。所以，如本章所讲，我们要将数据放置在人性化的情境中或是将其与个人经验相比对，来对其进行检验。但同时也要反其道而行，用数据来检验能引起情感共鸣的故事，以检验故事是否有可复制性。两种都是情境化，只是方式不同。一个是用故事和经验检验数据，一个是用数据验证故事和经验。用原则来提醒我们为何要计数，用计数得来的证据去挑战或重现原则。用一种数据架构去验证另一种，并借此找出你真正想要知道的。简而言之，就是运用情境、映射和多种技巧。

当你渴求简单但一切都被生活变得棘手时，问问你所渴求的事物是否能有帮助。但不要忘记贩奴船。有时，倘若被赋予了正确的情境，数字将经验和数据整合成令人信服的证据。所以，把贩奴船的图片放在你的桌上，将其视为数据情境化的典范，同时也记住，理想的实现是多么得不易。

4 计数人性化

小试牛刀

这几乎是薯片测试的翻版,但这次我们给出了明确的数字。看看这个计数的例子:

"哇!一个小伙子刚吃了12根香肠。"

像薯片测试一样,花几分钟问一些问题,想一想,在什么情境下,吃12根香肠没什么好大惊小怪的。这是我多年前从某个地方看到的(抱歉忘记出处了)。答案可以严肃也可以离谱。

一些建议

- 香肠有多大?(很小,是鸡尾酒香肠㊀)
- 他的身材如何?(很魁梧)
- 他最后一次进食是在什么时候?(他已经在荒漠里饿了数周)
- 他在多长时间内吃了12根香肠?(在一个连开三天的婚宴上)
- 他把每根香肠都吃完了吗?(没有,每根都只啃了一点)
- 他是一个专业的香肠品尝师吗?(是的,他不咽下去,而是吐出来)
- 这里是全美吃香肠大赛爱达荷州的初赛现场吗?(没错,而且是最低分)
- 有人亲眼看到他吃香肠了吗?还是他自己说的?(他总是这么说)
- 或许他真的以超快的速度吃完了12根大香肠?(他真的吃了,难以置信,希望他没事)

㊀ 鸡尾酒香肠,是按照特定大小制作的香肠,一般都很小,常作餐前的开胃菜,因此得名。——译者注

尼斯湖水怪显灵

5

虚假信息
要当心
概率唬人

THINKING
IN PICTURES

我曾见过一次尼斯湖水怪,至少是看起来像它。虽然不一会它就消失了,但那一瞬间,我以一种难以置信的方式相信了它的存在,这种感觉很奇妙。

这有什么意义吗?我该回答"尼斯湖水怪是否存在"这个问题吗?不,这只是大自然的假象。

"假象",是个极具启发性的词。我一直在想是否要使其生动化,我还不确定。首先,缺点是显而易见的,"假象"是个臭名昭著的贬义词,总会引人遐想。我们真的想去了解吗?其次,这也正是它吸引人的地方。不过我还是希望,除了恶名之外,假象可以给我们更多启示。

所以意思是:"大自然的假象"?自然万物,怎么会是假的呢?

这其实不难理解。能幻化万物的云是一种方式,还有那些只是

虚假信息要当心

相似而实际不同的事物。众所周知,这些情况时常发生。也许诸位也见过面包片上的"耶稣头像"(见下图)。

看上去有点像……可真的是吗?

还是……?

或者都不是?

首先明确声明(这点上必须表态),我不是说耶稣是假的。我只是怀疑面包片上的不是他。更可能的情况是,全世界有那么多烤面包机每天出炉那么多烤面包片,即使没有人刻意去搞一些创意,时不时地也会有某一片上出现类似人脸的图像。

这些"图像"大多很模糊,比如这张图上,胡子部分甚至盖住了右边鼻孔,所以有人认为如果是真主显灵,他一定能做得更好,我同意这种看法。再说,他为何要在烤面包片上显灵呢?你们不知道他最后的光景吗?假如需要上帝存在的证据,我不会把这片面包片算进去。

我的兄弟还说,这图像看上去更像是"摩托党"摇滚乐队的主唱莱米。

所以,也许上帝爱开玩笑。或许,你也可以这么想,偶然性也好,随机性也罢,并不总是如我们想的那般,嘈杂、混乱、毫无意义。其实,面包片上的"图像"有时看着也像莱米。但我们往往还是会用"混乱"来定义它们,比如,我们经常能听到的一个词——"噪声",就被用来指代偶然或没有意义的数据,以强调其无用性、无形性,给人平添烦恼。但是,用"噪声"做比喻的问题在于,它给人的印象是,偶然性数据看上去或听上去嘈杂一片。而"噪声"的关键其实在于它听起来可以有多像你最爱的曲调。所以,不要去寻找噪声,而要去看到(或听到)噪声。去寻找真相外化的声音和表现,聆听它的曲调,然后记住它,你也可以这样去对待噪声,这

虚假信息要当心

就是为什么我说探讨自然界的假象也许并不那么荒谬,因为它与真相高度相似,重点是——表象会骗人,偶然性也是大骗子。

三十年来,我时不时地琢磨这个问题,我开始怀疑,是我们对偶然性的感知太差,才导致偶然性的力量一直被低估。我们自以为知道如何看待偶然性——"对,我们对偶然性了如指掌"是我常听到的一个反应,但我们找错了东西。我们找寻的,是最明显的——侥幸的成功,而我们真正应该警惕的也恰恰是最危险的,我们自认为已经知道了真正的意义。

既然说到看云,那比看云更重要的是,这种情况在信息领域比比皆是。"天上的云像什么又不是什么因为它只是随机形成的"这类现象一再发生。它会出现在数据中,出现在研究中、数字中,出现在我们亲眼所见和亲身经历的事物中。实际上,这种现象出现在所有类型的证据中,几乎无处不在,层出不穷。它们不是偶然的、离奇的,而是再正常不过的。不是仅仅看上去重要的偶发事件,也不是看上去是自然而然地产生的、令人信服的真理,结果却是毫无意义(无人说谎)的证据。人们之所以会上当,是因为当这些相似之物偶然出现在面包片、数据、表格上时,人们将其视为自己"生活经验"的一部分,以为它们有某种意义。

我之所以喜欢这些图片是因为它们能让人们在天空中看到大家都熟知的事物,从而告诫众人,谨防从看似正确或直接的证据中寻找意义的危险。所以,当你在这些图片中看到某种图像时,要感受

> 人生的唯一课题：一个人的一生中所遇到的意外，远多于他所承认的，且多数时候他都无法保持理智。
>
> ——托马斯·品钦

那种认同感，并从中认识到，它们并非看上去那么真实。

如果偶然性能如此安排妥当，让亚伯丁附近的气象图上出现普林斯在弹吉他的图像就能轻易产生一些随机的数据或经验，来扰乱我们的结论——除非我们有所警惕。许多人自认为已经有所防备，甚至还用数学测试来说服自己，你猜怎么着，测试本身也极易受到偶然性的影响。正如作家兼哲学家的罗伯特·波西格所言：

> 科学方法的真正目的，是确保大自然没有误导你，让你误以为自己知道了实际上并不知道的东西。全世界没有哪一位机械师、科学家或技术人员不曾深受其害，以至于都本能地保持警惕。这就是为何科技信息听上去总是如此枯燥谨慎的主要原因。如果你粗心大意，或是刻意美化科学信息，大自然很快就会彻底愚弄你。即使不给它任何可乘之机，它也能经常误导你。

虚假信息要当心

你是说这种事在科学界时有发生?

一直在发生。

仅仅是偶然现象就能有力地说服我们?

一直如此。

连聪明人也被愚弄了?

是的。

被科学界的"面包片上的耶稣"或"云中的水怪"所骗?

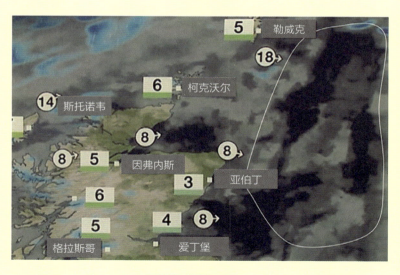

既然说到摇滚明星……
英国广播公司的一张天气预报图上,普林斯正在弹吉他,看到了吗?

没错,而且它在政界、商界、新闻界、人工智能等领域都时有发生,还有在日常生活中,当我们试图借鉴过往经验时,我们也极易受骗。

那好吧,让我看看偶然事件是如何做到的……

> 扫描人类的大脑,然后将我们所看到的扫描图片与人的行为或心理健康进行比较,就能将行为与大脑结构联系起来,对吗?如果某人的大脑结构是这样的,那他的行为就应该是那样的。这被称为全脑关联研究,多年来,关于大脑结构和行为之间的联系,我们有了许多令人兴奋的发现。
>
> 或者说……我们以为有所发现。但是,2022年3月的一项研究表明,在以25人一组共2组(这是标准研究规模)的实验中,却得出了有关大脑结构与行为关联性的截然相反的结论。然而,多年来,我们已经在大脑结构和行为之间发现了许多令人兴奋的联系。

或者说……我们以为我们做到了。2022年3月的一项研究表明,以25人为一组的两组人——这是典型的研究规模——在大脑结构与行为的相关性方面得出截然相反的结论,这一结果是可信的。换言之,全脑关联研究的结论中存在太多的噪声(偶然性),人脑扫描中有太多自然变量，该结论就像从大脑的皮层里读取含义一样。但一位知名研究员表示："大量已公布的神经影像学研究结果都是站不住脚的。"要使得结果更可靠，25人的样本数根本不够，至少需要数千人——这在实际操作层面是无法想象的。如果神经影像无法区分偶然性和真实性，那这项研究就不是那么简单了。永远不要低估被偶然性愚弄的可能性。

那么，我们该如何辨别大自然的信息究竟是真实的、有意义的，还是虚假的、偶然的呢？我很高兴你这么问，问得好，这个问题很难回答。我曾听说，统计学中几乎只有一个难题：变量的来源和原因是什么？即是什么使数据发生变化？是偶然还是其他原因？到底是什么？

首先要记住：区分偶然性和必然性，是所有科学和所有证据中，最费神费力的任务之一，所以对这个问题要有一份敬重。

下面这个事例，是半科学的（公众健康）、半新闻性质的。此例中，数据的上下波动被赋予了原本可能并不存在的意义。只要回顾一下之前那些偶然上涨或下降的数据，他们应该就能猜到这个结果，但是，唉……

> 这是一个关于"健康饮食与运动习惯"的故事。
>
> 在英国诺丁汉郡的一个小镇上，那里的居民大多患有

肥胖症,因此小镇被称为"肥胖之都"。根据医疗数据显示,当地人患肥胖症的概率要高于英国国民平均值6%。为了解决这个问题,政府决定大力推广健康饮食和同时宣传定期运动的重要性。

在活动推广的初期,数据显示小镇的肥胖率有了明显的下降。这让政府和居民们都感到非常高兴,仿佛他们已经找到了解决肥胖问题的关键。然而,就在大家都以为胜利在望的时候,第二年的数据显示,肥胖率又开始回升了。

这引发了人们的困惑。为什么明明已经推广了健康饮食和运动习惯,肥胖率却还是会上升呢?

实际上,像许多其他时涨时降的数据一样,这可能根本说明不了什么。数值下降可能是大自然的假象,上涨也可能是偶然的小插曲。或许,数值的涨跌另有原因,只是你没发现。首先,数据的波动是常态,有时候即使采取了有效的措施,也可能因为各种偶然因素导致数据出现暂时的变化。其次,肥胖率的上升可能并不是因为推广活动的失败,而是因为其他未被注意到的因素,比如生活节奏的加快、工作压力的增大等。也或许,小镇上的肥胖居民恰好搬离了。

此外,小镇是一个相对较小的社区,所以即使只有一小部分人的体重增加,也可能导致整个社区的肥胖率上升。

> 这意味着,即使推广健康饮食和运动习惯是有效的,也可能需要更长的时间才能看到显著的结果。总之,数据总是有起有落,有各种各样的原因,有些纯属偶然。即使有某个潜在的原因,导致数值有长期增长的趋势,但在此过程中,也很可能会出现波动。这一点显而易见。但如果偶然的涨跌似乎有利于你的论证,你就很难拒绝了。即使它们看起来很有意义,但我们还得进一步检验。
>
> 不过显然,偶然性很容易得手。

不久前,我看到了一个标题:

12 件因为像耶稣而被放到网上售卖的物品

来改编一下:

12 个因为像(某一发现)而正在被……的东西

可以上科学杂志的报道。

我没开玩笑。科学界有很多假货,自然的、人为的都有,它们都被用来以假充真。至于究竟有多少科研成果是可疑的,各方对此是有争议的,而且不同学科情况也不一样,但普遍认为,存疑的科研成果数量可观,且误读偶然性往往是罪魁祸首。若连科学界都是鱼目混珠的,那其他领域该是怎样一片狼藉。再次重申,切忌

好消息是，你有惊人的图像辨识能力和解读能力……那是一只狗

坏消息是，你有惊人的图像辨识能力和解读能力……但那不是一只刺猬（而是椋鸟群）

虚假信息要当心

因此断定所有科学都是虚假的,从而悲观厌世。科学界也有硕果累累的一面。但好与坏的区别往往就始于对变幻莫测的偶然性的敬畏。

另一个测试案例,前不久我和朋友一起讨论过:如果一位名人(假设最糟糕的情况是大卫·爱登堡[1])在打了一针新冠疫苗后,突发心脏病,会怎样呢?即使疫苗保证是 100% 安全的,那也会有大麻烦——也许我们就不得不把他架起来放在灌木丛里,仿佛他还在录制节目,以防人们见风就是雨,凭着直觉就把 2+2 算成 5,从而拒绝接种疫苗。希望这个故事不会让我们上新闻。对疫苗而言,这就是大自然的假象。

这是因为我们看问题时总是过于求快,我们需要想个办法来放缓思路。"大自然的假象"就不错,简短明确,就像个红灯,让我们停下来想一想,这就够了。当然也有弊端,我们会滥用它,对所有不喜欢的证据都亮红灯,互相朝对方大喊"假象假象"。所以还是那句话,先用"大自然的假象"去质疑你自己的证据,然后再是别人的。用这个词不是为了羞辱他人,也不是为了赢得争论,而是为了帮助我们,去想想是否某个数据可能根本毫无意义,为了提醒我们,无论我们自认为有多了解偶然性,它其实才是伪装的高手。此外,数据越惊人,就越有可能是偶然因素导致的。

---

[1] 大卫·爱登堡:David Attenborough,"世界自然纪录片之父",公认的世界最知名的电视节目主持人之一、杰出的自然博物学家、自然纪录片制作的先驱。——译者注

我有一张用粉笔画得很糟糕的英格兰和爱尔兰地图，画在一片长约2米的绿色毛毡上，还有一罐干的通心粉，它们与我一直形影不离。每当谈到集群的问题——比如某地出现了多例癌症病例，形成了一个癌症集群，人们开始对这一现象及其成因感到焦虑——我就会打开这幅地图问自己，如果把这罐通心粉朝空中一扔，会发生什么？会落在哪里呢？会出现什么图像呢？是偶然的吗？

一定是散落得一堆一堆的。接着你就开始……"哇，看看默西赛德/曼彻斯特。这是怎么回事？你看到布里斯托尔那一块了吗（或许是我把那些通心粉摆放在一起的）？还有东安格利亚，几乎什么也没有。奇怪吧？水里又有什么呢？"我把海上的通心粉都清除了，但好像忘了清除爱尔兰西部和北部的（我站在赫尔附近）。

我们把集群看作是有事情发生的线索。但它们也是正常的偶然现象。生活中就是会有事物扎堆出现，很正常。不然呢，你还指望通心粉会均匀地散落吗？你认为偶然就是这个意思吗？那么，集群有意义吗？偶尔有的，这是肯定的。可能有，也可能完全没有。

附注：说这话要小心。人们不喜欢听到有人说他们集中患病是偶然的。他们可能会认为你不在乎，或是你无法

虚假信息要当心

解释他们的病因,甚至他们可能根本没有患病。其实都不是。病例群只代表着偶然性将所有真实病例都集中在了一个地方。假设一个集群意味着这个集群都有一个共同的原因——"看,那附近有个手机信号塔!"——你就可能会错过真正的那个(些)原因。

我知道,这并非大自然在刻意伪装什么,而是我们自己太容易轻信了。但你可以从两种角度来思考:被愚弄的人或愚弄人的人。我们之所以用这些比喻,就是要改掉急于下定论的毛病,并提醒自己不要太快相信那些看似不言自明的、自然而然的、聪明的东西。

为时尚早

看似是真相的东西可能是大自然的假象。但有时,正相反,看似平淡无奇的却可能是最关键的。有些事物起初似乎无足轻重,最后却颠覆了一切。看似偶然的事件,却是具有毁灭性的。从虚空中看到真实,从真实中看到虚空,二者皆有可能。所以,也不要轻易否定任何事物。

一定不会有某条简单法则,能使我们从"误信假象"和"忽视真相"的风险中全身而退(当然,也有一些比较简单的法则,但人们往往用不好)。先从运用蜻蜓复眼开始,学会敏锐地察觉我们是如何被这两种方式所愚弄的。至于各种易被忽视或否定的真相,参见下一章。

5 虚假信息要当心

有人给你写了一封信,预测了一场足球赛的胜负,结果他猜对了。第二周,他又来信预测,结果又对了。接下来的第三周、第四周、第五周,他依旧是对的。之后,他们要求你支付1000英镑,才会告诉你下周球赛的结果。他要么是有超能力,要么就是出色的预言家。他是如何做到的,全靠运气吗?

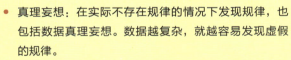

- 真理妄想:在实际不存在规律的情况下发现规律,也包括数据真理妄想。数据越复杂,就越容易发现虚假的规律。
- 第一类错误与假阳性:都表示你的实验或分析发现的并非真理,可能是将偶然性因素赋予了意义。同样,还有一种相反的风险,即第二类错误或假阴性:忽视了一直存在的真理(见下一章)。

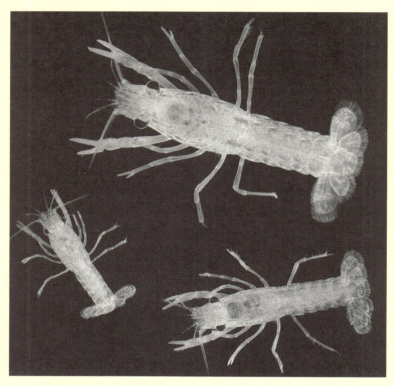

看似相同,实则不同
相同基因型在相同环境中通过发育变异产生了不同的表现型。

6 事出反常必有妖
有序可以反映问题，无序也是

THINKING
IN PICTURES

科学上最重要的时刻？对艾萨克·阿西莫夫⊖来说，就是有人说"真有趣"的时候。

下面就有个趣事……

20世纪90年代中期，德国的生物学爱好者注意到，有一种小龙虾没有雄性，它们代代繁殖，都只有雌虾。他们觉得这个现象很有趣，科学家也表示认同。

原来，在某个鱼缸里，有一只"夏娃"螯虾，自发基因突变，雌虾开始自我克隆，至此，一个从未在野外出现、全部为雌性的全

⊖ 艾萨克·阿西莫夫，美国科幻小说作家、科普作家、文学评论家，美国科幻小说黄金时代的代表人物之一。一生著述近500本，题材涉及自然科学、社会科学和文学艺术等许多领域，与罗伯特·海因莱因、亚瑟·克拉克并列为科幻小说的三巨头。——译者注

6 事出反常必有妖

新物种就在这个鱼缸里诞生了。这太神奇了。

我在《暗知识》一书中讲过这个故事。后续的发展更有趣。科学家们意识到,他们正好可以用由"夏娃"克隆来的幼体,研究"先天或后天""基因或环境"那个经典难题。因为,如果这些生物都是克隆体,那它们就理应是高度相似的,对吗?如果它们存在差别,那就一定是环境导致的,对吗?如果基因完全相同,那还会有什么其他因素呢?于是,研究人员将一种名为大理石纹螯虾的新物种,放入实验室的鱼缸中进行研究。

不仅如此,他们还尽一切可能,将实验环境标准化,甚至每次都由同一个人佩戴同一种手套,去检查大理石纹螯虾的状态。那么,相同的基因,相同的环境,其他一切都相同的情况下,这些大理石纹螯虾会发生什么变化呢?

毫不夸张地讲,它们之间天差地别。由同一窝卵中孵出的大理石纹螯虾中,有一只的重量是另外一只的20倍。20倍!这些螯虾不仅体型千差万别,行为也大相径庭:有的爱群居,有的独来独往,有的好斗,有的温顺。它们的寿命也迥然不同,还有产卵、觅食、睡眠习性也都各不相同。这些明显的差异,层出不穷。从前面那张图中我们已知几只大理石纹螯虾都来自同一时间孵化的同一批卵,都在完全相同的环境中生长,但从图中也能看出它们的体型差距却如此之大。为何在所有条件都相同的情况下,结果却如此不同呢?

这真是太怪异了——也让一直争论"是基因还是环境起决定性作用"的人们尴尬至极。即使这两种力量加起来，也显然不是决定生物生长的所有因素，至少不是我们通常所看到的那样。我们争论着是什么使人各不相同：基因还是环境？你们每个人可能都有自己的倾向。但常常出现的情况是，如果这两个都不是呢？如果是其他因素呢，是我们从未想到的第三种因素呢？而且其作用并非微不足道，而是彻底颠覆性的呢？所有那些有关"先天还是后天"的经典争论，并不会变得毫无意义，但肯定需要修正。这就是"异常"的重要性。它暗示着有情况发生，这种情况可能会撼动整个知识体系——如果我们允许的话。100年前，遗传学家威廉·贝特森就说过："要重视例外，珍视异常。"

可问题是，很少有人会愿意让自己的知识体系被颠覆，对此我们不得不承认，你看，大多数人都从未听说过大理石纹螯虾或其他类似的克隆生物，从这一点就可见一斑。其实，无论此例中究竟有何种因素发生，其对于决定生物（包括我们在内）的习性都具有重大意义。可相反，不仅绝大多数人都不知道有大量类似的、无法追踪的变量存在，就连大理石纹螯虾的故事也只在一些专业期刊上溅起了一点水花。我们始终还是只揪着基因和环境这两个因素争论不休。对于这个其他因素（无论是什么），我们却不屑一顾。

为什么呢？可能因为它与我们的认知不符、它反常、无序、不可预测。它扰乱了我们的分类（又是分类），破坏了我们熟知的框架体系。因此，我们不确定是否真的想了解它，因为那意味着要进行大量研究还要面对许多不确定性。我们对于事物的运行规律已经成竹在胸，我们如此努力才使得世界井然有序，以至于当证据掉落时，我们茫然无措了。

在科学领域，大理石纹螯虾等研究所揭示的随机性被命名为"黯淡的前景"——"黯淡"是因为它使科学家们想要对世界给出有序解释的梦想变得更遥不可及了。"黯淡的前景"这个说法就能说明问题，它表明没人愿意前去探究。太糟糕了，如果你想认真思考的话，就理应前去。遵循无序，而不仅仅遵循有序，珍视例外和异常，无论它们对你的想法有多大的威胁。正是因为它们会颠覆你的想法，才更要珍视它们。

"异常"会让你意识到你现有的知识体系可能是不对的，甚至可能被颠覆。加里·克莱恩写过一本关于洞察力的书——《见他人所不能见》，他说洞察力的高低往往就来自于对异常的深入探究。

可如你所想，问题在于我们往往不清楚该如何应对异常。有时，异常只是有点怪，可能只是意外，是我们可以忽略的、偶然因素造成的离群数据，它们在本质上毫无意义，就像云层中的人脸一样（详见上一章）。

而有时，不寻常的证据则表明有重大情况发生，世界可能并不如我们所想的那般运转，我们可能有了重大发现。依我看，在有序与无序之间、偶然与真理之间解读"异常"，才正是最有趣、最

引人入胜之处。在此过程中,聪明思维的技巧被发挥得淋漓尽致。"异常"可以是决定性的,也可以是毫无意义的。很难办吧?

一方面,我们有像大理石纹螯虾这样的证据,时刻提醒我们,秩序感可以让我们完全忽视那些惊人的异常现象。所以,不要太过苛求秩序。

另一方面,秩序就是知识,所以我们当然渴望更多。而规律,就是在无序中潜在的真理。马库斯·德·索托伊在《最佳思维》中,力证规律辨识能力是人类最超凡的智力天赋,称其为顶级思维捷径,而规律识别能力不就是对秩序和规律性的感知吗?所以,我们应该珍视规律性,但能否同时做到不忽视异常呢?那就是另一门艺术了,我们要在"眉毛胡子一把抓"和"捡了芝麻丢了西瓜"之间判断取舍。

我是在创作《暗知识》时期,搜索有关大理石纹螯虾的资料时,得到的前文这张图片,我建议每位研究人员都应该把这张图贴在桌前,以提醒自己,所有的神秘变量都可能破坏他们对秩序的探求。我们还可以用另一种方式,来思考异常的力量……

> 2007年,纳西姆·塔勒布在《黑天鹅》一书中,借用黑天鹅描述了一个伟大的观点,在聪明思维领域掀起一股浪潮。

事出反常必有妖

在此之前，欧洲人都认为世界上并不存在黑天鹅，它是不可能的代名词。后来，人们在澳大利亚发现了黑天鹅，纳西姆就用黑天鹅来巧妙地比喻原本不可能或例外的事物。但纳西姆的真正主张是，真正塑造生活的，是"黑天鹅"，而不是日常规律，是由偶然事件引发的异常、混乱和动荡。

2008年的全球金融风暴正是纳西姆这一主张的最强背书——这一起初被大多数人认为绝不可能发生的灾难性事件，彻底改变了我们对金融和经济运行方式的认知。纳西姆在书中还引用了许多例子，涉及领域从新技术到政治运动。

首先，他将"黑天鹅"定义为"异常值"，因为它超出了人们的常规预期。过去的旧有经验无法界定它。其次，"黑天鹅"极具影响力。第三，尽管"黑天鹅"是异常值，但我们还是会在事后为其编造理由，仿佛其本应是可以被预测的。

纳西姆说："几只'黑天鹅'几乎可以解释我们世间的一切，从思想与宗教的成功传播，到历史事件的动态发展，再到我们个人生活的方方面面。"此处很难不附上一张图，各位觉得呢？黑天鹅，一个生动、贴切的比喻，代表着存在于我们对生活规律的认知之外的例外情况。假如你对黑天鹅有所了解，下图将是本书中最没有创意的一张图片。但纳西姆的这个比喻如此深入人心，我们怎能将其排除在外呢？

珍视例外！……永远不要掩盖无视它们。

例外就像一栋在建大楼的砖墙，它会告诉你还有更多后续工序，以及接下来要盖的部分。

——威廉·贝特森

所有这些都是徒劳的，这是另一种完全错误的方式。

我们先退一步，试着对这种错误进行大致的分类。第一种错误方式，常受到有关聪明思维类书籍的抨击：

1. 我们是愚蠢的——我们都有认知偏误、不理性、无知，我们是一群乌合之众，我们全凭臆想等等。

而大理石纹螯虾和黑天鹅所揭示的——第二种错误方式，则又添加了另一层悲壮的宿命感。

2. 无论我们多聪明，世事依旧复杂难解。

世界本就是复杂的，难以预测和理解，所以真相难寻，不仅与我们的思考有关，更是因其本身就纷繁复杂。

6 事出反常必有妖

以下是布莱恩·克里斯汀和汤姆·格里菲思在《算法之美》中的观点，我认为耐人寻味："生活中，难题无处不在。而人们所犯的错误在于过分强调问题本身的难点，而忽略了人脑犯错的可能性。"

问题之所以难，不仅因为答案变幻莫测，还在于我们坚信的观念体系出了差错（这可好可坏），这并非由于我们存在偏见或认知能力低下，而是随着生活和环境的发展，因果关系会像一团乱麻，要想把这团乱麻理出头绪，难度可想而知。

又或许，在生活的乱象中被我们忽略的某些原因，只有当我们终于找到了头绪，发现了它的重要性之后，才会显现出来。可在那之前，谁又知道呢……在金融危机之前，只有极少数人猜到了影子银行或金融合同的重要性，结果在这场全球金融风暴中，它们对金融体系造成了巨大损害。如你所见，这世界充满了这样的意外。就像纳西姆所说："意外是很难被预测的，但其一旦发生，就是颠覆性的。"诚然，第一种错误方式——即我们受认知所限而天生愚钝，的确有问题。我们可以尽力解决。而第二种错误方式——即认为外在世界复杂难解，则确实棘手。在那个世界里，假如你自认为了解了真相，不妨先等一等。很快就会有例外出现。

我想说：如果我们能有条不紊、细致认真、谦逊谨慎，那我们就有可能做到聪明思考，对这一点我还是挺乐观的，我一直说"不是没有机会的"。我反而更担心的是，人们总是过于自信，认为在这个复

杂世界总能大有作为，而实际上，大自然如此诡谲，总会用未知的第三种因素或是其他未知事物来扰乱我们的认知体系。这并非质疑我们的能力和思维水平，也不是说我们没有破译真理的希望，而是尊重复杂的客观事实。假如你在这本书中只能从作者的碎碎念中接受一个观点，我希望你能记住这一个观点。实际上，我对聪明思维还有另一个不满，它把太多的问题装在了我们的脑子里。假如一开始便如此，那很容易就得出我们根本无法认知世界的悲观结论。但也许，时不时地，歪打正着，错误的起点也会带领我们到正确的地方。

这本书肯定无法帮你解决你想要解决的所有问题。对此我深表遗憾——不过说实话，也没有那么遗憾。就我所知，事实就是如此。但如果说，对我们不利的是，生活充满了意外，那对我们有利的，也是生活充满了意外。

> 2021年的诺贝尔经济学奖得主正是靠着一个意外得此殊荣。故事始于供求法则（"法则"一词，主要指秩序规律，如果有的话）。当时，新泽西州提高了最低工资标准，但邻州宾夕法尼亚州虽拥有相似的劳动力市场规模，却依旧维持原有标准。据我们对供求法则的理解，如果劳动力价格（薪酬）上涨——其他条件不变——那么需求（雇主对工人的需求）就会减少，失业率就会上升。而诺贝尔奖

事出反常必有妖

得主之一的约书亚·安格里斯特却表示,相较于宾夕法尼亚州,当新泽西州的最低工资标准上升后,这种情况并没有发生。在这一情况下,法则不再是法则。

"等等,什么?"整个经济学界都难以置信,甚至还有人嘲笑安格里斯特的这一发现。但这一事实很难被否定。在那之后,人们一直在努力研究供求法则为何会失效,以及究竟适用于何种情况。这一惊人发现迫使经济学界做出改变。他们将重点转向了所谓的"自然实验",即生活中出现的、无法刻意设计的比较。比如,你不能刻意让新泽西州和宾夕法尼亚州分别实行最低工资政策,但如果他们自发地各自实行了,你就可以对它们进行研究,这就是自然实验。实证证据的地位提高了,而经济理论的地位有所降低。"意外",这个一般规律和理论的例外,更显分量。他们将这一转变称为"可信性革命"(足见其意义非凡)。他们不仅被劳动力市场的一项发现所震惊,更是震惊于这样的情况真的会发生,于是他们改变了工作方式,学会了更加珍视意外。

为时尚早

你是否越来越讨厌"一方面……另一方面"这种说辞?

要重视规律,因为规律就是知识,但又不能太依赖它。也要重

视例外，但如果它们只是无意义的偶然事件，就不能太当真。

过分关注每一个激进的修正主义者的观点或是声称震惊世人的发现，只会让你到头来一头雾水。千万不要这样。但请一定不要错过重要的意外发现。

你一定会说："但我该如何分辨呢？我怎么知道哪个意外有意义，哪个没有？"规律即知识，但如果太规律，就一定是伪知识。无序也可以是知识，但毫无意义的无序除外。啊啊啊啊要疯了！

对此我真的爱莫能助，只能说这才是常态，我们最好习惯这个满是"但是""也许""有时""如果""当心！"和边缘案例的复杂世界。至少以后，我们能有所准备，能更好地应对生活中的许多意外。怎么做呢？有时（但并不总是……要疯了！），别那么坚信我们的真理，别那么笃定。注意例外情况，至少要愿意重新思考，哪怕最终你认定这意外只是意外。

我们的困境在于应该如何看待纳西姆的观点，即黑天鹅（低概率的极端事件）可能会造成极大的影响。因为如果他是对的，我们该多害怕极端风险呢？有些人读过他的书之后，可能会变得诚惶诚恐。但很难说纳西姆就是对的，因为也存在过于杞人忧天的风险，出于对极端情况的恐惧，我们可能会将规避错误发挥到极致。所以，究竟是冷漠无视，还是高度戒备？每一种态度的风险都会产生反向的风险，要知道自己在此两者间究竟该处于什么位置，这绝非易事。

事出反常必有妖

小试牛刀

假设有一条河,每百年发一次洪水。之后在7年间连发两次洪水。前后完全两种不同情况。问题来了:一、为什么之前的情形与我们按照概率推算的情况一致,完全符合预期(有规律性)。二、为什么之后一切都变了(重视例外)。说说看,你怎么知道哪个是真的,哪个是意外,哪个又是真理?

回答完这些问题后,接下来,如果你是该地区的负责人,鉴于最近7年发生了两次洪水的情况,你会采取何种措施(如果有的话)?如果你碰巧是那里的居民,你又会如何应对?你作为负责人和居民所分别采取的措施是否有不同,若有,请解释。

术语

- 正常化偏误(抱歉,又是一个偏误):想要坚持自己的旧有观点或经验,容易忽视新的信息和危险信号。有时表现为一种惰性或"拒绝"状态。不过也要警惕,其对应的另一种偏误是反应过度。

不要忽视信号

7

专注但别太专注
要看见你所看不见的

THINKING IN PICTURES

喂,喜欢我的门吗?

门不错吧?坚固,高大,铰链稳固,开合正常,门闩牢靠,既安全又田园风,完全可以满足需求。进出都很方便,是一扇完美的大门。

……

什么?

……

哦,那个。嗯,明白你的意思了。是不是要更换什么?老实说,就这扇门而言,不难发现……最初的评价有一个盲区。缺失的部分再明显不过了。

肖恩·帕里什等人在《伟大的心理模式》一书的序言中说:"在生活和工作中,盲区最少的人,往往是赢家。消除盲区,

专注但别太专注

就是与现实互动，就是在发现现实，接近现实。"

没错，那就不要有盲区，不要有疏漏，搞定！

你的反应会是"嗯……哦。"这算哪门子聪明，这不是明摆着的嘛！好像我们不知道不要有疏漏似的。实际上，这太明显了，甚至令人烦恼了。这条建议不难理解，而被我们疏漏的事实往往是在事后才显现。所以别跟我说我应该发现的。我当然应该发现，我已经知道了。就好像全世界都在摸索前进，绝不会左顾右盼似的，就好像"那么，我们还漏掉了什么？"不是每个重大决定的最后兜底提问似的。

当你提炼了聪明思维的关键点之后，你就会发现它与普通思维相差无几，和谚语差不多。但这也正是聪明思维这一部分的迷人之处。为何"明显的"东西难以发现——对于那些人尽皆知却依然会误解的事物，我们该怎么办。

这些事物可能一目了然，但错误却无处不在，因而犯错的风险往往很高，发现现实世界中的错漏更是难上加难。越是刻意去寻找，越是寻而不得，无论是在商界、政界、数据还是其他领域，这样的例子比比皆是，令人瞠目结舌。你会问："天呐，他们怎么会漏了这个呢？这显然就是他们应该在寻找的问题啊！"

当所有人的注意力都在门上时，是最难发现有所遗漏的，大家的眼里都只有门。可当有羊群逃脱之后，媒体就会把这扇门置于风口浪尖，议会上就会有人对这扇门开始发难。门当时是开着

还是关着的？是谁给铰链上油并负责门的日常维护？谁支付的维护费用？这扇门就象征着不受拘束的资本主义吗？它是时刻警觉的吗？

因此，这个问题从另一个角度来说，部分原因在于我们有所疏漏，还有部分原因在于我们关注问题的方式，虽然专注往往是好的，但过于专注也会令人分神。后文将会看到专注是如何产生偏见，对结果产生毁灭性的影响的。相关著作中也有大量事例，讲述了我们看问题的视角是如何使我们忽视了那些更重要的东西的。

解决这个问题，还有另一种方法，即直接表明这个问题从某种意义上说，是说不通的。我们怎么去发现我们根本看不到的东西呢？我们所不知道的东西，是无形的。这就像是水中之鱼的问题一样，如果鱼不知道除水之外的其他任何事物，那它怎么知道自己生活在水里呢？同一场景的第二张图片，问题显现出来，这是羊群逃离之前的景象。现在，你应该关注什么呢？

再来一次，"嘿，喜欢我的门吗？不错吧？""那是什么？弹簧可能有点生锈？观察得不错，谢谢，我会给它们上油的。"

你看到了问题。那么，看不到的问题该怎么办呢？我倒是有一些想法……

7 专注但别太专注

证据总是片面的。事实不是真理，它们只是真理的一部分——信息并非知识。

——希拉里·曼特尔

谈到全球金融危机，基利安·邰蒂是当初为数不多预见到这场危机爆发的人之一，她说："要聆听社会的沉默，而不仅仅是噪声。"去聆听人们闭口不谈的东西。

当时，金融媒体上的讨论都是关于股票市场（股票和股份）的话题，而实际驱动财政收入的却是金融衍生品（即基于资产的合同，比如房产，但不是资产本身，这更像是对资产未来价值的一种赌注）。对这些衍生品的报道几乎为零……因此，从某种程度上来说，股票市场就是噪声，而沉默就是衍生品市场。我决定转而关注衍生品的相关报道。

全世界的衍生品合同价值数万亿美元，通常由银行的某个小角落的几个人操作，或是由如今被称为"影子银行"的低调机构运作。当衍生品价格暴跌，全球最富的一些公司就会毁于一旦，著名银行就会濒临破产，全球陷入经济大衰退之中，政府释放大量救助金和借贷款项，在英国则被称为"财政紧缩"。

在那些银行内部，风险经理的工作原本就是要找出这类风险，而高管们也本应了解他们的工作。他们怎么会没发现呢？有人说，他们缺乏对大局的想象力，还有人说，他们习惯了用一种标准化的方式看待问题。他们从未考虑过，用自己的思维方式去看待这个世界的运行。

专注但别太专注

我们往往会对什么保持沉默?基利安说是那些我们习以为常的,或是所有人都默认的事情。或者是,我们会忽略尴尬的、不言自明的、禁忌的、古怪的或枯燥的。抑或是由于我们都是独立思考、各自分工,所以无法看到联系——门那一块的部门不会与栅栏那一块的交流。基利安认为:"管中窥豹是不可取的,我们需要的是多角度的视觉。如果要拍照,你的眼睛会习惯性地盯着画面中心。但中心周围有什么?镜头外有什么?也就是说你没看到的是什么?"对此,她透露了一个小窍门,就是像外星人一样看世界,试着让熟悉的一切变得陌生。

关于遗漏重要信息的另一个观点出自:大卫·汉德的《暗数据》。所谓暗数据,是指被人们忽视或不易察觉的信息或证据,人们往往意识不到其重要性。大卫的书中引用了许多暗数据造成巨大损失的案例。下面这个几乎可以算是他的最爱了,只是过于令人震惊了。

> 当年,挑战者号航天飞机爆炸解体,7名机组人员全部遇难,而事故的直接原因,是一个被称为O形环的橡胶密封圈失灵。此前有人怀疑O形环在寒冷环境中会失效,而发射当天的气温只有2℃。但是,研究小组核查了以往O形环出现失灵迹象的航行情况,发现O形环失灵与气温

没有明显关联。所以……他们就发射了。

但是,他们只分析了发现了问题迹象的发射记录,并没有核查那些不存在O形环问题的记录。如果没有状况发生,为什么要去费力去核查呢?因为如果他们去核查,就会发现但凡O形环没出问题——也即正常发射,那当天很可能温度较高。而每当出现问题时,往往都是气温较低的。两者之间的关系瞬间就清楚了。也就是,温度越高越安全,反之,温度越低则……

幡然醒悟的那一刻,想必所有人都震惊不已。可如果什么都没发生,谁又会去在意呢?除非就像这个例子一样,你就是希望什么都不要发生,所以你就只对能保证什么都不发生的条件感兴趣。当你把所有数据都列入图表中,再把温暖天气下的无事故事件与O形环失灵事件放在一起比较时,规律便一目了然,2℃已超出图表中的危险范围。而后续调查得出的结论是,发射当天的气温使O形环失灵"几乎是必然的"。

大卫·汉德一共介绍了15种暗数据,并将上述数据归为DD2型——我们不知道被遗漏掉的数据。如果缺少关键部分,大数据还有什么用?你尽可以去分析所有你喜欢的数据,但都毫无意义。

专注但别太专注

其他忽视数据的情况还包括:"我们根本没有任何数据,还能做什么呢"以及"我们已经掌握了足够多的数据","我们已经掌握了全部数据(意思是所有数据都是有用的),为什么还要看那个?"

在《看不见的女性》一书中,卡罗琳·克里亚多·佩雷斯揭露了"在一个为男性设计的世界中的数据偏见",涉及医学、研究和其他领域。例如,女性在心脏病发作后被误诊的可能性要比男性高 50%。至今,碰撞测试假人仍是以普通男性或儿童为模型,而并非普通女性。我们怎么可能不知道遗漏了什么?

2021 年,医学绘图员奇迪贝雷·伊贝绘制了一幅黑人妇女怀着一个黑人胎儿的图画,这张图在网络上被疯传,引起巨大反响。他说人们的部分反应是震惊,大家都说:"我从没意识到之前从未看过这样的图片。"奇迪贝雷介绍说,医学插图一般默认都是白人,可能的话,都是男性。为何直到 2021 年才有更多人注意到这一点呢?当你开始思考这一点时,你就能看得更清楚了,你会怀疑自己是否已经开始审视自己了。

> 我们明明熟视却无睹。
>
> ——阿娜伊斯·宁

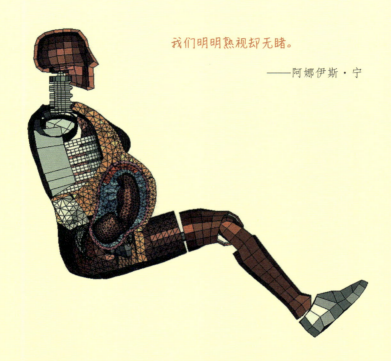

沃尔沃的碰撞测试数字人是一位黑皮肤的怀孕妇女,的确在尽力不遗漏任何情形。这究竟是过度反应,还是很好地提醒了我们,不要默认推定?

专注但别太专注

这些图画让人不安，它们扰乱了我们惯常关注的焦点，它们表明，所谓的熟知可能是骗局，"正常"麻痹了我们。我们之所以忽视了女性数据、导致经济崩塌、挑战者号爆炸，也许只是习惯以及偏见或成见在起作用。

马修·萨伊德在《多样性团队》一书中提出了一种策略。我们再来思考下发现盲点的问题。根据定义，这并不容易。我们不能指望自己能看到根本看不见的东西。自问自己错过了什么，甚至更会错过重点，而玛格丽特·赫弗南更是提出了一个有趣的分论点，即我们也会遗漏掉自己看得很清楚的东西，只是我们选择不去看，因其并非我们想看到的，故被称为"故意的盲目"。无论我们是出于何种原因而选择性关注，如果真的想降低风险，就必须从玛格丽特所说的"下定决心去看"开始。要将这种决心付诸实践，聪明思维的要义很简单：新鲜视角（又称"观点多样化"）。

但这种"新鲜"要适当，不能千篇一律。如果你想要不一样的观点，那就去倾听不一样的声音，这才是关键所在。去找那些看法不同、背景不同、专业不同的人，去找那些知道数据未必可靠，而不仅是只会卖弄数据分析那一套的人。也可以聘请一位像基利安·邰蒂这样的人类学家，学着去寻找看不见但已被考虑到的情况（有些公司正是这么做的）。马修说，现在的机构组织往往都是克隆模式——同样的背景、同样的视角，也许智能，但想法都如出一辙。他呼吁，将增加多样性提升为机构组织的优化战略，而不

仅只作为一种社会责任。马修还提出了他的质疑,为什么组织机构的运行要束缚于条条框框,为什么要在由一两个人主导的会议上做决策,为什么许多人都更偏爱同类观点?这一切都抑制了观点的多样性。

你们是否将不同意见视为对自己地位的威胁?我们为什么要创设阶级制度来尽量减少挑战?为什么不像某些领域一样,雇用一个红色小组来专门查漏补缺?没错,我们是有苦衷的。我们要讲凝聚力,讲专注、共识,讲共享叙事。但是马修、基利安、玛格丽特等人说得是有道理的。除非我们被专门组织起来重新凝心聚力,但我们能做到吗?

詹姆斯·索罗维基在《群体的智慧》中指出,多元化的独立思考是集体思维的核心。如果一个群体是同质化个体的聚集,和谐一致或被支配统治,那么其群体智慧无异于一个傻瓜的智慧。多样性和独立性才是群体智慧所在。詹姆斯的这本书也已成为经典。

他还说,加强多样性的一种方式就是分权:"分权的一大优点在于,它一方面鼓励独立性和专业化,另一方面又允许人们相互配合,解决难题。"但是(没错,凡事都有个"但是"),分权的一大缺点是,无法保证系统中某一部分被发现的有价值的信息会进入其他部分。

7

专注但别太专注

  我是一家医院的非执行董事。就我看来,在医疗保障领域,我们对患者安全和医护质量的监测是全方位的。这是我们的职责,至少,我们得到的信息是这样的。我们的监测包括存活率、失误率、数值下降、投诉率、基本检查的完成情况,我们还监测人员配备比例、调查满意度等,这一切都有助于保证患者的安全。

  还遗漏了什么?一大堆甚至都不算常规的患者安全问题。在医疗保障领域,我们难以衡量的,是仍在等待治疗的患者的情况。他们的死亡率是多少,病情恶化的概率是多少,治疗难度会提高多少,由于候诊时间过长而导致康复时间延长、手术时间延长或疗效降低的概率有多大?以及由此引发的痛苦或困难、压力、精神疾病,包括对工作或家庭的影响又有多少?我们对这些知之甚少,于是我做了深入研究。这些都是患者面临的风险和伤害,故都属于患者安全问题,但相比之下,我们却很少重视过。

  相反,针对候诊问题,我们却只用"响应速度"来反应,听起来就像呼叫中心的评分制度一样——看看它需要多久才能给客户提供服务。新冠疫情暴发后,情况开始发生转变,显然,在医院满是新冠患者的情况下,等待救治的患者数量一定是越来越多的。但我们对病情的掌控仍是

非常有限的。原因何在呢?主要是可见性的问题。如果你在医院里,就很容易被看到。但如果你是个徘徊在医院外的患者,你的安全就不是一个显著的指标。数据智慧,也是基利安所谓的社会沉默之一。有句老话说得好:看得见、数得清的安全就会被算进来,而只有被算进来的才算数。

我不知道这种因为"一门之隔"而产生的差异该如何解释。我不是说要解决这个问题或收集收据很容易,也不是说没人在乎。实际上,我们非常关心这个问题。但不知何故,我们虽然有一个充满爱心的、迫切想要帮助病人的医疗体系,但我们对这个体系知之甚少,它的另一半是如何运作的我们毫不知情。这是否导致我们忽略了救治速度,而优先考虑在院内的患者安全,从而损害了院外患者的健康?对此,还是无解。

我们难免有所疏漏,我们不知道究竟遗漏了多少。我们是否也不知道有所疏漏是不可避免的?我们都需要一个更好的计划,首先就要承认这个问题十分棘手,然后:针对问题统筹规划,当(由于我们的疏漏)事情进展不如意时,期望能够进行调整。

7 专注但别太专注

最近一次因为疏漏而引起的大事件，是2010年8月5日，33名智利矿工因塌方被困。救援工作十分艰巨，耗资约1000万至2000万美元。但是，为何当初无论政府还是国际上的资助力量都没能为成本更低的安全改进措施买单，如今却突然有钱出钱，有力出力了呢？部分原因在于，受害者的姓名、面庞和家人如今清晰可见。在此之前，当风险已知却并未出现时，没人知道谁会成为受害者。这就是"统计学生命"，并非"已识别生命"，因此在出现事故之前没有采取任何措施。我们之所以忽略了他们，是因为我们无法知道他们是谁。

这也是健康普查中的一个问题。那些被查出患有危险疾病并被治愈的人都觉得自己得救了，也经常这么说。有些确实如此。他们是受到高度关注的。我们可能还知道他们的名字。但其实，由于筛查并不完备且可能产生"假阳性"，有些心存感激的幸存者其实是不需要救助的，他们即使不接受治疗，也会活下来。从统计学上看，我们知道"假阳性"病例是存在的，但并不知道具体是哪些人。而这些人也无法站出来说明，因为他们也不知道。事实上，由于感觉得到了救助，这些"假阳性"的人还会对筛查赞不绝口，而其实没有经过筛查和治疗，他们的状况会更好。

因此，我们低估了筛查中因不必要的治疗而造成的潜在危害。以前的筛查宣传材料就忽视了这个问题。虽然这一情况有所改善，但我们仍然很难让人们意识到那些看不见的人的命运，那些匿名的"统计学生命"，和我们一样，也是活生生的生命。

小试牛刀

下面这个经典故事，诸位可能听过，几乎是老生常谈了。后文的图片介绍了一种特殊的思维方法，已成为圈内的笑话，它的意思是……

第二次世界大战期间，美军需要确定在战机的哪些部位加装机甲。由于机甲很重，所以肯定不能"全副武装"，必须得装在关键位置。图中所显示的，就是战机上被敌军射中的部位（不过该图实际绘制于2016年）。

这看上去就是全部数据了，或者说是你所掌握的全部数据。那么，答案是什么？应该加装在哪呢？为什么？提示一下，想想还遗漏了什么？

答案是：把机甲加装在没有弹孔的位置。如你所想，如果敌方在乱战中对战机射击，那射中部位应该是随机的，为什么机身上不是遍布弹孔呢？有

专注但别太专注

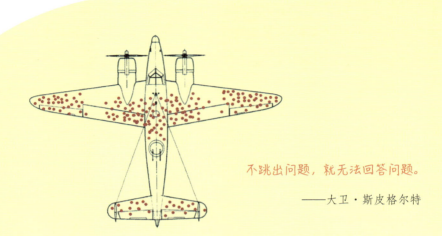

不跳出问题,就无法回答问题。

——大卫·斯皮格尔特

些弹孔不见了。这些消失的弹孔在哪呢?在消失的战机上,在那些没能返航的战机上。那它们为何没能返航呢?因为它们被击中了要害,而那里正是最需要加装机甲的部位,而不是有明显弹孔的部位。

这是一个真实的故事。亚伯拉罕·沃尔德曾在第二次世界大战中为美国军事情报机构的统计研究小组工作。这是他的答案,美军便据此进行实施。诸位如果对这类"日常生活中隐藏的数学"(虽然我不太确定这能否算是数学)问题感兴趣,可以去看看乔丹·艾伦伯格的《如何不犯错》一书。

这个问题有时也被称为"幸存者偏差",我们只看到幸存者。"成功秘籍"类的书,就连最广受好评的那一些,也都难逃幸存者偏差之嫌,只关注商业巨头所做的一切,却忽略了很多倒闭的公司也是靠着同样的成功秘籍来运作的。

为时尚早

既然你已经意识到了遗漏数据的风险,那就回顾一下,再重新思考纳入无意义的数据的危险性。通常情况下,一种风险的反面是另一种风险。如果你坚持认为一定有遗漏的数据需要被找到,那无论有没有,它们都有可能被找出来。

请记住,当你抨击"筒仓"[1],坚持认为我们需要打破它们、横向观察时,有些人会认为你只是在胡说八道。他们会说,如果你所说的筒仓,是指目标清晰明确的小团队,那有何不可呢?多多益善好嘛!你看到的是缺乏远见和功能失调,而他们看到的,则是分工合理、专注和效率。再者说,如果不要筒仓了,粮食要放在哪里呢?

那么,究竟要不要筒仓?要哪个?什么时候要?同样的,依旧是见仁见智。所以我们的结论是:看情况。这不是一条死胡同,但论证起来会比较棘手。

再次,为了避免遗漏任何关键信息,你会怎么做?通盘考虑?没错,谷歌的首席决策师卡西·科济尔科夫曾说过:"在我们问你是应该做 A 还是 B 之前,我希望你已经把所有情况都考虑了个遍。"

在某些情况下,她可能是对的。只不过还有个恼人的声音大喊

---

[1] "筒仓"指的是政府中那些致力于最大化纵向协调、并以牺牲横向协调为代价的层级组织。在公共行政的经典文献中,"筒仓"结构通常被视作有很多的缺陷,并被冠以"部门主义""狭窄视野"以及"单一目的组织"等名号。——译者注

专注但别太专注

着：其他情况下，就未必啦！没有人能将所有情况都考虑到，即使是一个团队也做不到，而且这样思考需要浪费多少时间。那么问题又来了，除非你将一切都考虑到了，否则你怎么知道自己遗漏了什么呢？

这就是说你应该投入多少时间去环顾四周、重新思考、重新聚焦，那什么时候才能够获取足够信息进入下一步呢？布莱恩·克里斯蒂安和汤姆·格里菲斯在《生活算法》一书中，对"探索"和"利用"作了区分。你要重新思考多久，才能投入行动？是重新思考、重新聚焦、再探索，还是继续下一步？思考花的时间多了，行动的时间就少了。换句话说，寻找遗漏的信息可不是免费的午餐。我们是在交换机会成本（如果不专注于X，我们可以做其他事情）和所谓的"可选性成本"（如果我们此刻不坐在这里，试图保留B到Z的所有选项，或是想知道是否还有其他没想到的选项，那我们可以做成哪些事）。如果你把所有时间都花在寻找遗漏的数据上，那如果根本没有任何数据缺失，你的寻找就可能是徒劳无功的。

比如新冠的例子，有时感觉就像是一个长期的"探索"还是"利用"的困局。是使用现有的疫苗，还是停下来研究那些血栓？是继续探索还是直接利用？就隔离问题而言，是尽早强制封控，还是等收集更多相关数据之后再决定，比如再去了解病毒的传播情况，不同封控方案的影响、受影响人群和影响的大小。英国在第一次封控之后，大多数人似乎都认为政府出手太晚。后来亚型变异毒株奥密克戎肆虐时，虽然各方仍争论不休，但没有一刀切的封控是对的，我们顶住了这波病毒入侵。在突发情况下，解决方案难以确定，又没有明确的办法知道我们应该如何去寻找真相以及要等待多长时间，不过有些人认为英国政府至少应该制定一个解封规则。

你不可能永远开放你的选择。尝试的时间越长，你为找到一个更好的选择所下的赌注就越大，你就越可能因为迟迟没有行动而失去更多。奇怪的是，谈论数据遗漏的著作，往往不会讲述那些花了大工夫最后却无果的故事。

因为，不要忘了，有时，专注也是一种美德。我们常说，要专注于任务，专注于目标。共同朝着一个目标努力往往很重要，而鼓励观点多元化则可能会令我们分心，乱作一团。毕竟，我们认为我们能从一群非专业人士提出的愚蠢问题中得到什么呢？往往是天真、死胡同，都是在浪费时间和精力。我们能确信一意孤行永远不会有好结果吗？

那么，是该专注，还是重新聚焦呢？都需要（这本书可太烦人了）。这是（又）一种权衡，是在专注与重新聚焦之间的时间和注意力的平衡，没有正确的或明智的答案，只有一堆危险的信号灯，如果幸运的话，每个方向都有机会。那什么时候全部投入？还是不投入？什么时候环顾四周？是在你每五年制定一次的企业战略时？

至少，我们要记住我们还有一个选择。其次，那可能是一个更好的选择，如果我们能意识到我们对证据的技术性盲点，如大卫·汉德

专注但别太专注

所揭示的那些暗数据的例子一样,我们对遗漏数据的寻找将会更高效。因此,只要我们能做好权衡,意识到寻找遗漏数据的代价,同时多阅读相关书籍,就能更了解可能遗漏数据的内容和情况。

但是,数据遗漏的情况如此之普遍,使得指责也轻易脱口而出:"你肯定遗漏了什么!"比如那些风力发电厂的人没考虑到风有时会停的情况吗?你真的以为他们从未想过这个问题吗?也许你才是有所疏忽的那个。对此,研究员达伦·达利提供了一条小建议:如果你在一个有许多专业人士研究了数十年的领域内,发现了一个逻辑上的重大缺陷,我建议你……继续学习,直到找出你有所遗漏的地方。如前文所述,先以此书来调整你自己的思维方式,而不是借此去指摘他人,否则你就本末倒置了。

术语

- 所见即所有(WYSIATI):当我们专注于所拥有的信息,就会以为这就是全部信息。WYSIATI 是 "What You See Is All There Is" 的首字母缩略词,出自丹尼尔·卡尼曼。
- 路灯效应:只在显眼的路灯下寻找机会,忽略了黑暗中的事物。

8

画虎
承认无知

THINKING
IN PICTURES

知道老虎长什么样吗？你当然知道。所有人都知道。大家都看过"养虎为患"这个成语，也都去过动物园。

把条纹画上吧。

脸部就先不画了——有点难。但腿上的条纹……快想想，是竖的还是横的？拿起笔，如果这是你的书，就在书上画吧（不行就再买一本！），证明你知道众人皆知的事实。

如果你是正常人，你会停下来，开动你的小脑筋。然后突然间，你就不那么确定自己真的知道老虎长什么样子了。嘿，这有点蠢了吧？

"不，我知道，我知道的，算是吧。只是……不是那么清楚。给我点时间，好吗？"

别担心，这是很常见的错误印象。我们真正的意思是，等我

画虎

们看见一只老虎了,就能知道它长什么样了。我们认为这就是"知道"的意思,但果真如此吗?史蒂芬·斯洛曼和菲利普·费恩巴赫在《认知错觉》一书中深入探讨了这一问题。他们用一个小测试来阐明了什么叫"解释性深度错觉"(此概念由弗兰克·凯尔和利昂·罗森布里特提出)。即我们以为自己知道,而实际上知道的并不多。具体如下:

1. 你对拉链的工作原理了解多少?按照 1~7 分的标准打分。
2. 解释拉链的工作原理。
3. 对你的了解程度重新打分。

通常情况下,第三阶段的分会低于第一阶段。假如继续询问更多细节知识,分数会继续下降。当我们被迫证明自己了解多少时,我们往往发现自己做不到。他们说这就是我们不得不承认的错觉。当人们第二次降低自己的评分时,他们实际上就是在说我知道的比我想象的要少。当你用比拉链更复杂的事物(比如政策)提问时,结果也是一样的。

好消息是,在我们的无知被证实后,我们至少会重新评估自己的认知水平。我们也许愚蠢,但我们聪明地认识到了这一点。至于这是否会改变我们对自认为了解的其他事物的态度,那就另当别论了。

另一个好处是,当人们开始对自己依稀了解的事物感到不确定

时,他们就会更加关注自认为真正了解的事物。当我们对自己的无知了解得更多,就会更多地倾听,变得更好奇。这本书有个看似矛盾的主旨:当你读完这本书并感叹:"我?我对这世界一无所知。"你就已经变得更聪明了。这大小也算是个收获了,你们知道我的意思。

下一页的图中是一辆自行车的轮廓,只不过缺少了一些零部件。这张图的下面,是一些学生们为这辆车添加的一些零部件,这是由心理学家瑞贝卡·劳森进行的一个小实验。经常骑车的人,应该更了解吧。这些图片太搞笑了(实在是画得太糟了,我觉得不可能是真的,直到我让我的家人们也来试了试:"额……它不是应该有个……你知道的,这里应该连着……哪个地方?")。

别笑了,尤其是你们这些后来的骑车人。这就是你——偏离了自己专业轨道的你。就算要笑,也要连你自己的无知一起嘲笑,你对多少事物也抱有认知上的错觉。

坦率地讲,我敢说公共舆论中也存在大量认知校正的乱象。太多大声疾呼的人只认为他们自己知道。而我认为他们不应该这么肯定。我们都很无知。承认吧。从自行车这个例子能得出的一个道理是:要学会重新认识自己的认知水平。

上述例子点出了一个简单的认知水平监测方法:如果你认为自己了解,就去把它画出来——有时这个方法可以有效检测出你的无知这类似于学一门学科的最好方法就是用文字表述它。

画虎

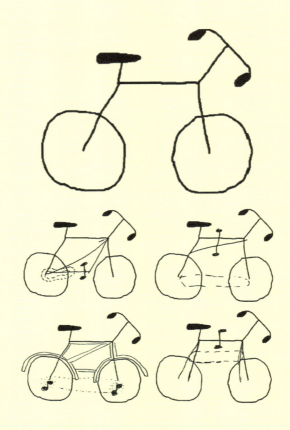

即使你有冒充者综合征㊀，也并不能说明你是有能力的。

——丹尼尔·莱肯斯

㊀ 冒充者综合征：即自我能力否定倾向，是指个体按照客观标准评价为已经获得了成功或取得成就，但是其本人却认为这是不可能的，他们没有能力取得成功，感觉是在欺骗他人，并且害怕被他人发现此欺骗行为的一种现象。 ——译者注

下文中,我们将进一步探讨我们的常识究竟能多有效,我们在谈论事物彼此的因果联系时,是否真的了解事物本身,而答案,往往是否定的。有时,我们的确知道与我们息息相关的事物的运行原理,但除此之外,呢……

接下来的问题是,我们为何会自认为了解事物。原因之一似乎是因为我们使用拉链,所以就自认为了解它的工作原理。我们误将熟悉当作了解。另一个原因始于我们认为事物本身并不复杂——"这能有多难?"——因为我们对某个事物根本不了解,才会对其复杂性一无所知。如果诚实面对其复杂性,则会令我们感到不安,所以我们干脆视而不见。这样就简单了,假定自己无所不知,就能避免感到无知。让我看看你们是怎么做到的。

史蒂芬·斯洛曼和菲利普·费恩巴赫表示:"我们高估了自己对事物原理的认知程度,从而忽视了事物的复杂性……我们告诉自己,我们运筹帷幄,我们的观点有理论做支撑,我们的所作所为以明确的观点为依据,尽管事实并非如此。我们之所以能包容事物的复杂性,是因为我们没能对其有正确的认识,这正是认知的错觉。"

我想你们不禁会问:他们又怎么知道呢?我们怎么知道他们不是同样受困于认知的错觉,同样自以为是呢?首先,他们是研究这个的。论"骑车",他们是专业的,我认为他们还是了解自己的研究对象的。专业知识往往有一定的可信度,后文将会对此展

8 画虎

开论述。

老虎花纹和自行车零部件都属于浅层的专业知识,而我们中的大多数人都已经无法深入了解,更别提深层的专业知识了,这对我们来说是个警醒。我们都有自己擅长的领域,事无巨细地理解其中的原理。但对于多数学科领域,我们只是略知皮毛罢了。

所以明智的做法是,在发声之前,先承认自己的局限性。这让我想起温迪·蔻普的一首恋爱诗,诗中说获得爱情的良方是:"去更好地了解他。"同理,治愈自以为是的良方也是更深入地了解。

话虽至此,反驳之声依旧会有:"谁会关心老虎花纹什么样,自行车结构什么样的呢?管他呢,都不重要。你所说的这些认知错觉都是无关紧要的,因为我为什么要知道这些呢?真正要紧的是我了解那些真正重要的东西就可以了。"

非常有道理。可你真的了解吗?如果自行车和老虎对你来说是不相关的知识,所以你不关心,那就换另一种类似的问题,用聪明思维的具体方法,来检测一下我们对周边事物的基本原理究竟有多无知,这些事物都是我们声称特别在意,值得争论一番的。曾在益普索·莫里调查机构供职的鲍比·达菲,在《感知的危险》一书中对我们的无知进行了分类。

例如,英国国民认为,英国人口中有 15% 是穆斯林(实际为 4.8%)。我们认为有 43% 的年轻人都住在家里(而实际只有 14%)。

我们对谋杀率和少女怀孕率的预估远远超过了实际情况。诸如此类，不一而足。鲍比那本书的副标题是："为何我们对一切认知几乎都是错的？"。

他在《代际鸿沟：代际差异及其成因》一书中，也阐述了类似问题，通过深入剖析婴儿潮一代和千禧一代⊖在文化态度或行为上的根本差异，得出结论：二者的差异仅仅是因为出生年代的不同。我们经常能听到这样的论断，我们这代人是这样的，他们那代人是那样的。鲍比认为，这样的说法大多是无知在作祟（奇怪的是，关于时代和金钱的观点倒是都一针见血），大部分这样的假定通常都是不可靠的，鲍比对此似乎很了解。而我们其他人，显然都是在编故事、讲故事，自以为是。

此外，在《事实》一书中，汉斯·罗斯林就当今全球的一些事实和局势，提出了几个选择题，比如：

1. 在部分发展中国家，女孩完成小学教育的比例是20%、40%、60%？

2. 过去20年里，世界总人口中极端贫困人口的比例翻了一番、基本持平、几乎减半？

3. 据联合国测算，目前，0~15岁的儿童人口有20亿，那么到2100年会有多少？40亿？30亿？还是20亿？

⊖ 婴儿潮一代：1945—1965年出生的。千禧一代：1980—2000年出生的。——译者注

画虎

4. 在过去 100 年中,自然灾害造成的死亡人数变化如何?基本持平,还是下降一半以上?

答案分别是:1. 60%;2. 减半;3. 20 亿;4. 减半。

多年来,汉斯用这几个问题测试了一些聪明的专业人士,有的精通计数,有的善于思辨,还有的是政界精英。结果是,他们对全球现象和局势的预估,还不如黑猩猩随机选择的答案正确率高。这真的任重道远。因为这意味着我们不仅无知,还自负,还自以为聪明。否则我们也就会像猩猩那样盲选,还能得分高一点。当我让那些答题者看完答案之后,他们都笑了。很难说他们是羞愧还是绝望。这结果的确滑稽,却也有点绝望。正如我所说,他们的确博学聪颖——仅限于在他们自己的领域。在那之外,他们就会迷失,我们大多数人亦然。

鉴于此,史蒂芬·斯洛曼和菲利普·费恩巴赫针对知识庞杂的问题,提出了一个建议:知识分享。没有人能无所不知,那些自以为是的人很快就会被现实打脸。我们要借鉴他人的专业知识,利用自己所拥有的,不懂的时候多倾听。史蒂芬他们说,专业领域是独立于常识之外的圈子,我们多数人鲜少涉足。因此,多样化的团队效率最高(依旧如此)。他们书的副标题——个体思想的谬误与集体智慧的力量。

他们的书在一定程度上,有助于促成哲学家所说的认知谦逊

（你我不得不吞下的知识的苦果）。从上述证据来看，我们似乎的确需要它。另一点好处则在于，只深刻掌握几种知识，可能是一种有效的思维组织方式（此处可停顿片刻，想想这一观点的坏处在哪）。

关于无知的最后一点。应对无知的另一个方法就是做假设。如卡西·科济尔科夫所说："假设就是在信息缺失的地方贴上的难看的创可贴。"假设也可以是认知错觉的一部分，因为不知道，所以我们会做假设，会假设我们的假设足够好，或是可能根本忘了这只是我们的假设。就像猜测和赌注一样，假设是不可避免的，但认识到假设的重要性和易错性，必定是于我们有益的。卡西说要在推导出结论的过程中，清楚地写下你所做的全部假设，试图在此过程中再去理解。

为时尚早

对于"人人皆无知"的说法，有两大反对意见。

其一，人类有一个特别棒的信息过滤器，只留下"需要知道的"信息（前文已讨论过此话题）。谁在意那该死的条纹究竟是什么走向的？当我看见一只老虎，自然就知道了。还有贫困问题，我的确很关心，但我需要了解多少细节呢？贫穷不好，希望领导能重视这个问题——知道这些就够了。

画虎

但这就够了吗?脱贫的方法有很多,其中是否有些方法更有效?有些会不会使问题更糟糕?如果我们的领导人选错了方法怎么办?我们能在多大程度上将判断权拱手让人?

当需要知道更多细节知识时,问题就出现了,而我们却依然毫无察觉。此时,就要"了解自己的局限",也即所谓的元认知,这样我们就能知道何时需要帮助。可是,如果不了解事物的复杂性,我们又如何能认识到自身的局限性呢?

最终,我们只能得出这样的结论:事物的内涵远比我们所见的外在要丰富得多。由于我们无法得知隐藏的细节是否重要,所以通常最好的办法就是降低信心,等待事物给予我们回应与反驳,并假设它比我们最初所看到的要复杂得多。如果可能的话,去咨询一些领域内的专家?

其二,好,也许我们的确无知,甚至连盲猜的大猩猩都不如。但专家也可能还不如盲猜的大猩猩。在《专家的政治判断究竟好不好》一书中,菲利普·泰洛克披露了一项为期30年的研究,对象是专家们的预测结果研究发现,他们的预测和大猩猩扔飞镖一样精准。

这可不妙啊!离开我们自己的专业领域,我们还不如一只大猩猩,但依靠专家,他们和大猩猩也是不相上下。好吧,我们都深受认知错觉的影响,但我们不能都跟猩猩一个样吧?

更糟糕的是,科学领域那些深陷复现危机的专家们,也没能捍卫专业人士最后的荣光。在与丹·加德纳合著的《超级预测》一书中，菲利普还表示，一些敏而好学的业余人才甚至可以击败预测专家。

一边是被《认知的错觉》所背书的专家的专业性，一边是菲利普对专家的合理质疑及其业余团队的卓越表现，我们在两者间该如何选择？本书可以为你提供一些思路，这一章主要介绍了专家以及我们可以信任谁的问题。与此同时，请记住，菲利普一再告诫我们，他对于专家预测结果的研究不应被用来否定所有的专业知识。还要注意，当你需要选择是否可以信任某类专业知识的时候，你要依靠谁来判断，菲利普·泰洛克，一位研究专家判断领域的专家，而不是你自己（也不是我）。即使专家遇到了难题，也并不能说明你比他们更专业。当你有疑惑时，我的建议是尽量谦虚一些。可我又知道什么呢？

快速自我测试。先选择与你观点相反的人。想想看：你有多了解他们的观点？你是否真的明白他们的思维逻辑？你对他们观点的唯一解读就是讨厌的、自私的、骗人的？还是说只因你可能还没有完全理解他们的立场？如果你对"他们"的理解和对拉链的是一样的，那也许你还需要再深入了解一下。

术语

- 邓宁－克鲁格效应：越是不懂的人，越不善于评估自己的认知水平，他们往往是高估自己的认知水平，这是据大卫·邓宁和贾斯汀·克鲁格的研究所得。要注意，有时这句话会被引述为"越自信的人懂得越少"，这完全背离了原义。如果你这么说，那你就是邓宁－克鲁格效应的一个典型例子。下一条警告：邓宁－克鲁格效应可能并不存在。2016年的一篇论文对该项研究提出了质疑，认为该研究结果存在统计学漏洞。个人认为质疑者们所说不无道理。如此一来，邓宁－克鲁格效应是否正是其自身的完美典例？这个问题，我就留给各位了。如果这都无法令你保持警醒，那恐怕没什么能做到了。大卫·邓宁就说："邓宁－克鲁格派的第一条法则，就是你还没意识到自己正是其中一员。"

条纹

老虎后腿上的条纹是水平环绕的，越靠近顶端越倾斜，即逐渐从后腿的水平条纹竖直为身体部位的垂直条纹。如果你答出了"水平的"或是"环绕的"，可得1分。

如果你能答出前腿与后腿条纹不同，即使不知道前腿条纹具体什么形状，也可以再得1分。前腿的条纹是横向穿过背部的，但大多数老虎的前腿其实并没有条纹——只间或有些细细的斜线。

如果你能把前腿的前后部位条纹都答对，那就可以再得1分。你是怎么做到的？这三分的题，我也就只得到了1分。

a）画几个圆   b）把这该死的猫头鹰的其他部位补齐

如何画一只猫头鹰

9

绘制自己的
思维图像
脑海中的画板

THINKING
IN PICTURES

如前文所述,世界是无限的,你我所拥有的知识只是沧海一粟。没错,我们要谦虚恭谨。

但不要绝望,我的朋友,这世界并不会仅因你的一无所知而无解。我们可以通过专业化来分担知识的重担。我们要各尽所能,在力所不及时从他人处学习和借鉴。这就得再次强调团队的重要,也是本书博采众长的原因之一,因为知识是集体性的。我们要在团队之中取长补短,充分发挥各自优势。

但是,还有一种充分发挥才智的方法,不仅高效,且聪明至极。当然可想而知,一旦出错,也必将是愚蠢至极。更糟的是,我们除此之外别无选择,必须这样做——目标高远,还冒着犯傻的风险。

这就是:简化……归纳。

绘制自己的思维图像

管他老虎花纹什么样,忘掉细节,只管抓住关键,这也是本书在尽力做到的。从根本上说,就是要寻找本质——从复杂的表象中找到大致的轮廓或突出的特征。看,老虎是有花纹的,这就够了。

找到事物本质的智慧在于:原理是通用的,只是细节各有不同。只要我们认识到椅子的本质,即可以坐的地方,也就不需要赋予每一把椅子以名字或定义。这种知识是普适的,就像一把可以打开很多锁的万能钥匙。这表明,事物都具有潜在结构,是重复模式和重要特征的集合——这正是科学家们所探究的终极梦想,也是老师们希望学生能迅速掌握的要点。了解事物类型(跨越地域、历史、商业甚至生活)是一种深层次的知识。探究这类本质问题的方法之一,是将其定义为不同模式。

法纳姆街博客论坛在谈论心智模式时写道:"相较于依赖多变的、专业化的现象,我们可以去学习那些通用的概念。"加布里埃尔·温伯格和劳伦·麦肯在《超级思维》一书中说:"历史不会重复,但其有自己的节奏。"肖恩·帕里什和里安农·贝比安在书中写道:"如果你能找出适用于眼前情况的心理模式,那你就能立刻对其了如指掌。"

目前为止,一切都好。问题就在于那个小小的"如果","如果你能找出一种心理模式……"

究竟是哪种模式?哪种原理?你怎么知道自己从错综复杂的世界中提炼出的是那个正确的原理?所有的模式、理论、概论、

原则、通则、科学的简化的假设，都在尽力提取出正确的本质和原理。

事实上，过不了多久，你就会开始怀疑这种简化、提取本质的方法就是集体思维的本质。你不可能对所有世事都了如指掌，你必须有所取舍。而且可以这样说，我们甚至都无须深入探讨思想和现实是否相对应。我们就默认它们是相对应的吧。即便如此，也还有太多事情有待探究，我们别无选择，只能选择性地简化。

于是，在被迫忽略大量细节的情况下，我们就必须像那些专家一样，创造出更多的计算模型，比如疾病领域或经济领域的那些：并非包罗各行各业的模型，而是一种简化的模型——一个"头脑中的画板"——展示出我们认为重要的那些特征是如何结合在一起的。

我们将用"模型"一词来指代我们的所有简化过程，无论是有意的还是无意的。这是一项巨大的工程，但我们只能一往无前，否则我们还能做什么呢？

在"猫头鹰－圆圈"这幅图中，那两个粗略的圆就代表所有那些模型。这就是你的思维画板。显然，它们不是事物本身，但我们希望它们能反映足够多的本质属性从而给我们提供有用的信息。每一项政策、每一个假设、每一个计划、每一个想法都是一个画圆的过程。这种方法的缺点呢？从图上看就能一目了然，可能会太过简略，甚至省略了关键信息。

绘制自己的思维图像

同时,纷繁复杂的生活,带着"该死的猫头鹰"那满身华丽丽的细节出现在了我们面前。如果我们能在脑海中如实勾勒出所有这些细节,我们就能思考得更全面,但这不免有些强人所难了,毕竟我们连老虎花纹都记不住,更何况每只猫头鹰都是不一样的。但在我们的思维画板之外,生活就是如此的错综复杂。

同志们,那就是我们的奋斗目标:我们必须删繁就简,取其精髓以探寻更深层次的真理,只是不要错过任何可能重要的东西。现在就开始吧。

19世纪末的一位人类学家——詹姆斯·乔治·弗雷泽在《金枝》一书中如是说:

过度简化的倾向的确是人类思维的天性,因为只有通过抽象和概括(这必然意味着会忽略大量细节),我们才能施展仅有的那点才智,去理解广袤宇宙中的那一点点真相……如果这种倾向是自发的、甚至不可避免的,那就会充满着危险,因为它很容易使我们对研究对象的认识变得狭隘、歪曲。

约翰·凯是我最仰慕的思想家之一,他说:

物理学家在讨论运动时,会加上"在没有摩擦的平面上",在讨论重力时,会强调"在没有空气阻力的情况下"。这并非因为我们相信世界上没有摩擦力或没有空气阻力的,而是因为要同时研究所有的相关因素太难了。通过简化模型,可以排除干扰因素,聚焦于某个特定问题。

这种简化是合理的,甚至是必需的。但正如詹姆斯·乔治·弗雷泽所言:必然存在着错误简化的风险,或是丢失关键细节的风险。

在某些时候,新冠疫情的建模是紧迫的、必要的、及时的。但在其他时候,从实用的角度来看,它比在黑暗中醉酒勾画的两个圆还要模糊。

2021年7月26日,美国疾控中心发布了27个建模小组对新冠肺炎的预测报告,建模小组分别来自微软、脸书人工智能研究中心,洛斯阿拉莫斯国家实验室及多所高校组织。

结果,这些专家的判断大相径庭。对未来4周——也即截止至2021年8月14日的每日新增病例数的预测,从1万例到10万例不等,还有甚者预测将达到100万例。疫情是即将消退还是即将爆发?很难说。这些模型距离"真正的猫头鹰"究竟有多远,当时没人能猜到。于是,有评论家说这些建模十分差劲。但这么说公平吗?究竟是模型的问题还是这只猫头鹰本身的问题?我们是否在期望能通过模型了解到根本不可能了解到的东西?还有更严厉的质疑之声:所有的模型都不够笃定,它们都声称自己的准确性有一定可信度。

其实,仅凭一些关键数据来对一种疾病建模是十分困难的,更何况这些数据都只是估算值,且时常变动。此外,

> 疫情的发展也与诸多因素有关，比如政府可能采取的措施，这在建模前是无从知晓的，再比如人们的行为，人们的行为会随事态的变化而变化，继而影响疫情的传播。再就是病毒本身的变异问题，也会影响疫情的发展。
>
> 疫情的困扰让我们觉得永无尽头。但是到了同年9月，我们依然不知道我们要建模的对象究竟是怎样的洪水猛兽。所以，只要建模者们表现出谦逊与不确定，只要他们提出假设，就请站在他们的角度想一想……因为当他们这样做时，也许就已经找到了真相。

你可以把这个问题想象成是本质和细节之间的一场坎坷婚姻。一方面，本质想要简单的生活，所以它条理分明，但有些孤傲。细节则独特而精确，又有些霸道。于是，本质高喊着："你难道看不见全局吗？"细节则尖叫着："你根本不知道具体是什么样的！"

下面，我们从两个角度来看看我们是如何出错的。

1. 当本质和细节之间差距太大时：

> 如今看来，在全球金融危机爆发之前，经济建模与经济形势鲜有一致的情况，通过建模得出的预测与实际情况

> 都相去甚远。在整个经济大环境下，投资风险的大规模转移本不该发生。但由于风险模型的基本要素还远远不够，尤其是对于银行及其他金融机构的核心作用和中介作用的评估欠缺，才导致危机爆发。
>
> 约翰·凯认为，总的来说，当时主流的一种经济模型做出了以下假设："每个人的生命都可以等分为两段，前半生工作，后半生消费；只有一种商品，这种商品不能储存，也不能投资；只有一种同质的劳动力；长辈和晚辈之间也没有家庭扶持机制。"这是一幅有用的草图吗？经济学家们依旧争论不休。

2. 当我们假设模型与细节之间相差无几时，我们可能就忘记了那些圆并不等同于猫头鹰。事物的本质，与细节丰满的事物本身，可能相距甚远。哲学家阿尔弗雷德·科日布斯基说："地图不等于疆域"——可谓一针见血。没有作家不爱这个比喻。我所引用的约翰·凯的文章名就叫"地图不等于疆域"。还有一套介绍理性思维的短篇丛书，叫《地图呈现疆域》。

此处需要一张图片，你觉得呢？毕竟实践出真知，下图是谷歌地图的一张截屏，此图充分说明了地图和地形的差异可以有多大，图中显示的是我要去剧院的路线：需从泰晤士河上的滑铁卢桥一跃

绘制自己的思维图像

我们对世界的一切认知都是模型。每个单词、每种语言都是一个模型。所有地图和统计数据、书籍和数据库、方程式和电脑程序都是模型。我在脑海中描绘世界的方式，也是模型，即我的心智模型。但是，这些都不等同于真实世界，也永远不会是真实世界。

——德内拉·梅多斯

而下，或是降落在一艘路过的船上，或是跳入泰晤士河中。

地图上没有船舶停靠的位置，甚至连码头都没有，只有桥下的一条虚线。地图上没有显示出这些细节，也没有告诉你桥到河面的垂直距离是多少。谷歌是看多了詹姆斯·邦德吗？如果我没能坐上船呢？按照地图，应该就会比直接走路过去多花7分钟，但介于现在是隆冬时节，泰晤士河受潮汐影响，也许耗时会更长，长得多。

可是，除了地图，还有其他办法吗？关于地图，还有几则（虚构的）趣事，说地图上缺少足够的细节时，专家们于是就把地图放大添加细节，再放大再添加，直到最后地图与实际的土地面积比为1:1，与实际面积一样大，而这时地图也就没用了。我们需要地图，我们必须简化。

不仅仅是"必须"，正确的简化可能才是天才之举。有时，最简单的模型（建模者讲的"简约"与"压缩"）可以预测出最复杂的真实情况。在《简单生活》一书中，约翰乔伊·麦克法登将这种简约视为贯穿科学进步的金线，从哥白尼到达尔文到爱因斯坦，简单模型是实现每一项重大突破的根本途径，它将我们引向真理，引向万物潜在的最简单的本真。

马库斯·德·索托伊在《最佳思维》一书中写到，观察和提炼本质的最佳工具之一就是数学，它为我们提供了获取知识的捷径。数学抽象[○]非常适用于解决从未出现过的新问题。马库斯是对的，那些对

○ 数学抽象是数学哲学的基本概念，指抽取出同类数学对象的共同的、本质的属性或特征，舍弃其他非本质的属性或特征的思维过程。 ——译者注

重力概念的简化,比如忽略了空气阻力等细节,在我们所到之处都发挥了巨大的作用(即使爱因斯坦说我们误解了重力,但重力的概念依旧对我们帮助很大)。正如他所言:几乎所有的思考都包含着各种简化过程或快捷方式。前文中"椅子"的例子就引自于他。这个例子挺能说明问题的,不是吗?

马库斯甚至还研究起了地图,可真有他的。他说,在一众伦敦地铁线路图中,有一张因描绘简洁而优于其他。人人都爱简洁,我也是,这张图可谓是简洁到了极致。约翰·凯则表示:行吧,不过假如你要从帕丁顿站出发,去拜访住在兰开斯特门站附近的朋友,那可千万别用这张地图,否则等你到了,大家都会笑掉大牙。下图便是地铁线路图,从帕丁顿到兰开斯特门,要经过4站,还要换乘1次。

如果简单,那就是假的。如果复杂,那就无用。

——保尔·瓦雷里

下图是另一张增添了一些细节的地图。

当地人都知道,这两地之间,步行更省时省力。所有模型的关键问题,不在于对错(它们在某些方面都是错的),而在于是否有用。伦敦地铁线路图的答案是:一般。

科学哲学①中有个说法:我们需要的不是一张地图,而是很多张,是一本地图集,里面每一张都是不完整的,它们组合在一起,就逐渐显现出我们对一片新国土的认识。通过将这些地图收集起来并不断改进……我们就能建立起一幅综合性的地图,使我们越来越接近外部世界的真实样貌。乍听上去很明智,可你想想,你愿意随

---

① 科学哲学(Philosophy of science)是20世纪兴起的一个哲学分支,关注科学的基础、方法和含义,主要研究科学的本性、科学理论的结构、科学解释、科学检验、科学观察与理论的关系、科学理论的选择等。 ——译者注

身带着那么多张地图并随时查阅吗？

在本质与细节的智慧之争中，有人极力鼓吹本质的力量，认为掌握了抽象概念与原理，我们就能所向披靡；有人则为舍弃细节而痛心疾首，认为细节决定成败。双方都据理力争，各自都有成功的案例，也有可反驳对方的失败案例，两个阵营之间难免剑拔弩张。

那么究竟谁是对的？是本质还是细节？同样，两者都是，也都不是。猫头鹰图片的启示是：一、掌握细节可能会超出我们的能力范畴——要掌握的信息太多了。二、通过聚焦于一些基本要素来努力还原真相也可能出错。三、揭露本质是天才之举。四、细节可以决定一切。下章将展开论述。

四点？我们可没说过这事简单。当你同时接受模型的优点和缺点，无论是心智模型还是形式模型，那些看似矛盾的观点就开始说得通了。有位建模者说形式模型是愚蠢的，但某个模型的愚蠢之处往往也是它的优势。通过关注现实世界某个系统的某些关键方面（比如在模型中实例化的某些方面），我们就可以研究出该系统的运行规律，原则上讲，我们是否就真的可以忽略我们正在忽略的一切细节。这听起来很荒谬，可你仔细想想，无论是科学家还是普通人，当我们无望地被纠缠于联系与冲突的无数张网之中时，在我们对现实本质建立理论的过程中，我们其实一直都有所忽略。

想想吧，你们这些老担心忽略了什么的聪明人。再好的模型，也会表现出不确定性。可对有些人来说，不确定性与知识是完全对立的，这就可能会引起误解，甚至愤怒。然而，在模型中展示出不确定性是至关重要的，因为认识到自己的无知，总比无知还不自知要好得多。

对于持怀疑态度的人来说，最重要的是对模型和细节各自的利弊了如指掌，尤其是二者之间的转换，从圆圈到猫头鹰再到圆圈这种切换，要了然于心。我们可能根本不清楚二者间是如何转换的，也不知道它们之间的联系究竟如何，有时甚至对建模者来说也是如此。因此，当我们在绘制草图时，有必要尽量把每一步都清晰地罗列出来，包括我们做的所有假设和判断。

> 说来也怪，专家们有时都不清楚自己想要呈现的事实是什么，不知道自己画的圆所指何物，同时又声称这些圆揭示了关于某物的一般真理，可能是关于猫头鹰吧。听起来他们像是消失在了自己的抽象里。人们对研究的一大诟病是，研究人员经常不清楚自己要解答的问题是什么，这一情况有时被称为"问题不确定性"或问题表述难题。正确表述问题比听起来更难。

9 绘制自己的思维图像

> 安娜·谢尔写过一篇调查心理学研究的论文，文中称："我们分析的所有文章，都声称可以针对某个事物提供正面（或反面）证据，但他们往往无法确定那个事物到底是什么、哪些数据是支持或反对它的，简言之，这些科学主张都是定义不清的。"她说："这些论文甚至都没有错，为了提出更易懂、更有意义的科学主张，我们必须找出推理链中断裂的部分，并尝试修复。"也即，你画的圆该如何链接到现实生活中？

同样，我们还是会对自己的聪明才智沾沾自喜，有点过于自信，认为我们已经成功挖掘出事物的本质。在极端情况下，这种过度自信可能是灾难性的，我们过于相信自己的模型，以至于不再视其为模型，而是真实的事物本身，甚至认为事物本该如此。由此带来的危险是，我们期望现实做出必要的妥协，我们坚信现实将要也必须要服从我们脑海中的草图，我们就像现代主义的中央规划师。这些问题模型逐渐转变为规则，继而形成一种特殊的威胁，我们的想法似乎完全符合逻辑，因而身处复杂世界的人们自然会顺从，也应该顺从。克莱夫·詹姆斯称那些在 20 世纪强制推行集权主义政治模型的空想家为"可怕的极简主义者"，因为数百万人为此付出了生命的代价。当你用脑海中的画板绘制了一幅糟糕的画作，它就不仅只是一个糟糕的思想产物，它还会主动扭曲我们的行为。

或者，你也可以从另一个经典的角度来认识这个问题。下图是超现实主义画家雷内·马格利特的画作《图像的背叛》。各位，马格利特想表达的意思是，图像不等同于实物，这张图也许还带有其他暗示（感兴趣可以去查一查）。

这不是一只烟斗

我们通过模型来观察生活，我们别无选择，只能借由我们脑中的画板。

这是过去的哲学观点，但这些图片有助于警示我们，模型是充满危险的，我们需要时刻警醒。对于模型本身，我们也要加以论证，而不能仅论证我们以为通过模型所看到的事物，因

9 绘制自己的思维图像

为没有自我意识的思考是毫无意义的。圆圈和猫头鹰就体现了思想和实物之间的距离，反映出所有思维的"粗略性"。所以，没错，各种各样的模型都是必要的，有时也能给我们以启示，但千万不要把它们与"该死的猫头鹰"（或烟斗）本身画等号。

有人说，相较于人类的小脑瓜，人工智能可以收集更多的细节信息来把圆画好。所以人工智能绘制的草图，往往更准确更具体，我们也能更有信心地认为它掌握了所有的真正要领。我们所要做的，就是检测人工智能的性能，如果性能优良，那么其建立的模型就是好的。是啊，没错，有时为了某些目的是这样的，只不过在实践过程中会屡屡失败，故障频发。请不要忘了，准确的模型不一定正确。就像托勒密创建的那个以地球为中心的太阳系模型，不仅完美呈现了他所看到的一切，甚至具有可靠的预测性……但这个模型是错的。仅仅是有效（在一定程度上）还不能说明它就是正确的。人工智能的问题在于，我们可能要过很久才能知道，人工智能是真的掌握了正确的要领，还只是触及本质的假象，实际上，它们已经找到了作弊的方法。这种情况并不是没有发生过。奇怪的是，你甚至可以拥有一个过于精准的模型。人工智能可以照着你给它的猫头鹰的样子，绘制出完美匹配的图片，但还有许多其他种类的猫头鹰是它们没见过的，所以它们创建的模型并非你所期望的通用模型。

为时尚早

首先,我想你已经意识到,本章中"脑海中的画板"的图片或比喻,本身就是一个模型。谁说这个模型就是对的了?谁说"脑海中的画板"就是我们在思考外部世界时的最佳表征?和所有模型一样,它也是错的。既然说到这了,事实上,本书中所有图片都在揭示不同的思维模型,所以它们在某种程度上来说都是错的。但它们有用吗?即使有用,它们是否也具有误导性?这是我们必须时刻进行的判断。

其次,模型具有诱惑性,但请不要有畏难情绪或感到恼怒。我们也许能力有限,广袤无垠的宇宙还有太多未知领域等待我们去探究,模型也可能基本上都是愚蠢且容易失效的,但同时,我们别无他法,而且建模也有可能获得真知。但最佳的回应,不是绝望或沮丧,也不是满怀期望,而是讲究策略。我认同菲利普·泰洛克和丹·加德纳的观点,我们应该综合他们所谓的内部视角和外部视角,在一般事实(圆圈和模型的基本要素)与因时因地而异的细节(羽毛和特点)之间切换,在细枝末节与抽象的战略布局之间切换。放大画面显示细节,缩小画面展示全景,如此重复,并接受仍难以解决问题的事实。

这并非说两种视角都失败了(虽然的确如此),而是说它们体现了我们一直在强调的那些权衡,它们有不同的用途、优点和缺点。比如，通过模型，我们可以在不扰乱现实世界的情况下，进行思想实验或推理，创造假设情境等。

大多数人在两种视角中都会有所偏好。有些偏向于理论、定律、模型、概括和全景；有的则偏向于细节、局部情境、具体的、实用的。菲利普认为，最出色的超级预测师善于将这些融合在一起综合考量。也就是前文提到的蜻蜓的复眼。

小试牛刀

确定椅子的基本要素。不是你对椅子的需求要素，而是椅子的必备要素。数量不要太多，否则你会把一些典型的椅子排除在外。然后看看另一面的那些"椅子"。它们是否符合你的标准？你选出了正确的基本要素吗？去查阅一些标志性的椅子设计，仔细思考不同设计流派对各自椅子的基本要素的不同观点。设计师雅各布·简森说："对于每一项设计来说，关键在于找出蕴藏在物体中的本质，发现它，承认它，这样无论谁见了都能一眼就明白。"加油吧！

椅子的本质

1. 布鲁姆休闲躺椅。2. Yanko Design 公司设计的"讽刺座椅"（后文还会谈到这把椅子），如果它不是一把椅子，那又是什么呢？ 3. 威达（Vitra）公司设计的潘顿椅。4. 一家园艺中心在网上售卖的"坐石"。

术语

- 伯尼尼悖论：如约翰·达顿和威廉·斯塔巴克所言，"复杂系统的模型越来越完整，这个模型就会变得越来越难以理解。或者说，当模型变得越来越逼真，它也会变得像它所代表的真实世界的运行过程一样难以理解"。
- 具体性误置之谬：误将"关于事物规律的某个抽象信念、观点或概念，认为是实际的、具体的现实"。

当然行得通

图中是伦敦沃克斯豪尔的一条交通需求线。这张图最早出现在伦敦议会议员彼得·福琼的一条推特上。他说每当他要做某项政策决定时,就会想起这张图。

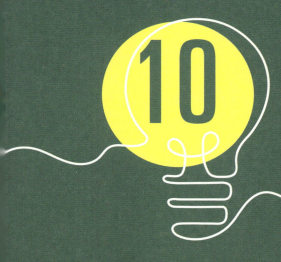

10

打点坏主意
期待意外

THINKING
IN PICTURES

事实：人行道上的路障会让骑自行车的人减速，从而减少事故。有人为此建立了模型，进行了现场试验，还收集了数据——我想他们一定是这么做的。于是在此基础上，人们制定了关于路障的规定，火速开始实施，因为设置路障可以有效减少事故。

所以，嗯……是的。但在此例中，呃……不是。

像这样绕过路障，自发形成的路径，被称为交通需求线，也就是人们在地上自发创造的路径。其结果可能比原计划的失败更糟糕——因为我心中的疑问是，这条需求线是否只是骑自行车的人压出来的。若果真如此，那至少可以说，我们已经把骑行者和行人安全分开了。但是，骑自行车的、推婴儿车的、坐轮椅的、步行的、骑踏板车的、骑电动车的、骑马的……这其中还有人会走人行道吗？可能只有玩滑板的人了吧，或是雨天地上泥泞时，才会有人走

打点坏主意

吧。我们是否完全毁了设置人行道的意义?

我们的初衷是让某些人减速,衍生效果可能是由于他们没有走这条路而导致并未减速,那么这条路还有谁走呢?

交通需求线形象地反映出人为因素的作用,表现为一种计划外的反作用。我们在做任何规划之前,一定要注意需求线。

不知是我的错觉,还是这种特别的反叛行为,让我觉得这条线像是在草地上咧嘴大笑,像是生活自信满满地对我们比了个耶,像是那种小妖怪炫耀着说,如果人们按他说的来,会好得多,或者是"如果不是那些烦人的小孩,我就能成功了"。

我们推理、分析、收集证据,提出想法,思考,测试,总结过往经验,据此制定政策和计划。我们知道计划是可行的,因为确实如此,制定过程完全合乎逻辑,否则还会怎样呢?只不过,有时它们确实行不通。而这时,在你的思维工具箱中,最重要的就是要了解它们失效的诸多原因都是什么。

为什么会失效呢?通常有两种原因:人为的和系统的。人为因素在于人是愚蠢的、没用的或者犯错了的,所以要怪就怪他们。这种解释简单且令人满意,所以很容易成为失败的借口。它将世界上的问题归咎于人脑之中——有点类似于聪明思维的某些观点。

系统因素则更易让人产生挫败感,但研究起来也有趣,这是本章要讨论的主题,同时也是聪明思维所涵盖的内容。如统计学家W. 爱德华兹·戴明所言:"一个糟糕的系统每每总能打败一个优秀的人。"按照系统因素的定义,这些错误就存在于众多微妙弱点的系统中,是人们即使竭尽全力,也必然会产生的副产品。

比如,首当其冲的就是日常的厄运,我们每个人都很容易碰到。你把一切都安排妥当,你的业务计划严谨合理,一切都进展顺利,然后在埃及的一个大风天里,一艘集装箱货轮搁浅在了苏伊士运河里,结果造成每小时约4亿美元的损失。这谁能预料,谁又能控制得住,诶,但就是这么倒霉,这对那些你认为完全是无辜受灾的人来说,可能是灾难性的。"你指望我能对苏伊士运河做什么呢?"

一件小事

2021年,一艘名为"长赐号"的集装箱货轮被困于苏伊士运河,图为多艘拖船正在奋力营救的画面。

打点坏主意

但是，除了厄运，造成这种不良后果的原因还有很多，值得你多思考片刻。比方说，有一种最常见的、令人惋惜的意外结果，往往不是由于厄运造成的，而是直接由你的行为所导致的，只不过你肯定不是故意的。

> 日托中心想要家长们更准时地接送孩子，便开始对迟到的家长罚款，结果家长们将罚款当成了一种收费，导致迟到情况更严重了。准时接送的道德责任，竟莫名变成了可以违规的合同权利。唉，人啊，是吧？

还有：

> 作为一名年轻的纪录片制作人，我曾尝到过意外后果的滋味。人类学家玛丽·道格拉斯给我讲过一个她所研究的部落的故事，说这个部落的人会把麦子拿到河岸边去淘洗。一些热心的外乡人就问："干吗要跑大老远去洗？"他们说："就近洗就行了。"那个部落的人就照做了。数年后，河岸坍塌，那个部落所在的区域被洪水淹没。原来，谷壳可以对河岸起到加固的作用。

另一则故事：

> 汽车、煤炭和 DDT 农药都曾作为解决环境问题的"良方"而广受欢迎。而后来，良方变成了"毒药"。一度作为环境问题的"解决方案"而受到欢迎，然而解决方案变成了问题。（向艾德·康威致敬）

还有一个：

> 印度当局曾声称，凡杀死致命毒蛇并以蛇头为证的，可以得到一笔奖金。于是人们开始靠养殖毒蛇来赚钱。"眼镜蛇效应"由此而来。

实际上，这种意外（不过有时并不意外）的反作用包含了诸多问题，这些问题在多本探讨聪明思维的著作中都有所涉及。别担心细节，来感受下这些伤脑筋的标题：

- 意外后果
- 眼镜蛇效应
- 反馈效应
- 补偿效应

打点坏主意

- 效应的效应，亦称次生效应
- 外部效应
- 附带损害
- 琐事暴政
- 道德风险
- 短期效应与长期效应
- 反向激励
- 看不见的脚（与经济学中良性的"看不见的手"相反）
- "可见"后果与"不可见"后果

或者，如我所言："在现实生活中做成事很难，远超于你的想象。"最重要的是，还有一大堆复杂难解的效应：比如政策阻力，即世界似乎有自己的意志，在我们规划的改变方案前岿然不动。还有非线性问题，你的投入与产出的关系可能非同寻常。还有突发事件，使按照局部所预测出的整体与实际情况大相径庭。

如果这些术语令你费解，大可不必担心。我们不会在这些名词上做过多纠缠（感兴趣的话，也可以查阅相关书籍）。总之，我们得进行下一步。因为我们要找的是造成这些问题的原因。原因是什么呢？

生活是由系统构成的。这一基本主张是永恒不变的，正如佛陀所言："无物可孤存，万物皆可联。"换句话说，生活是复杂而相互

联系的,但我们的思维往往并非如此。我们的思维被禁锢在想要完成的事物中。可一旦拽动这一根线,则必然是牵一发而动全身。

结果是,我们满怀希望,按照我们认识到的原理去行动,在一间黑暗的大房间里,投下了一束微光。我们以为看到了相关的一切(所见即所有,还记得吗?),可隐藏在阴影中的是什么呢?最终,我们期望的并未发生。

问题的关键在于你对于自己在做什么以及如何去做的认知,是否可靠。在政界和商界,"我知道要做什么"是一个急需认真对待的前提。你认为自己是个有主意、有远见的人。你会建立正确的激励机制,就是这样,搞定。但空谈无益,你当把想法的实施细节也自动考虑进去,比如是需要拉动操控杆还是手摇曲柄启动。"完成就好,不是吗"?还是"我们来立法解决吧"。

下面,我将借助几张图片,来说明这两种我们用手摇曲柄启动后,对于事物的运行所持的不同看法。第一张图是对事物运行情况的一个简单、机械的比喻或具象,通常被认为适用于由简单杠杆组成的世界里,这是一个标准的捕鼠器,老鼠拿走奶酪,释放装载了弹簧的金属杆,但没抓住老鼠。正如别人所说,这样任务就完成了,如果没抓着,那一定是你搞砸了。

不知各位可曾玩过捕鼠游戏?相较于上述捕鼠器,这个有些小题大做,而且每个环节都可能出错,事实也确实如此。现在知道他们为什么不这么解释政策,而只是说圣诞节前能搞定了吧?

打点坏主意

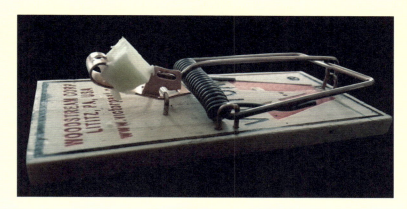

工作原理 1

捕鼠游戏

工作原理 2

当我们试图单独拾起某物时,会发现它与宇宙万物都有着千丝万缕的联系。

——约翰·缪尔

有位诗人曾说过："世事往往会功亏一篑。"加布里埃尔·温伯格和劳伦·麦肯也在《超级思维》中夸张地表示："任何可能出错的，都会出错。"如果你在思考社会变革或政治变革，又需要时刻提醒自己我们是在若干系统中工作和生活，那就把这张捕鼠游戏的图片贴在桌子上，提醒自己这就是一个更容易出错的模型。

老实说：哪个捕鼠器更实用呢？这要看情况。这要看你的问题有多简单？系统中的某些因素有多大可能会出现你预料外的状况？失败的风险和成功的概率都是有可能被夸大的，所以我们不要预设其中的任何一个。不过总的来说，我感觉我们似乎还是过于自信了，所以本章的基调才会相对谨慎。不过最终，你还是得自己拿主意。

在系统的世界里，一个行为可能产生多个后果，而多个因素也会同时影响一个事件。这就是错综复杂的系统，也是控制各个部分如此令人头疼的原因。科学哲学家南希·卡特莱特说："事物的成因总是相辅相成的，它们有各自的作用方式。"我有时会用下面这张图，来表达这种错综复杂的关系（我把它打印了出来，大约有1米宽，大家似乎都很喜欢）。图中显示的是一个系统，我们所能看到的就是一些网格和线条（这不是一张图表，你要真能从中获取到任何信息，我倒还真佩服。这只是一张图表的图片——这就是不同）。还有一张图来自罗氏制药公司，是两张图片中的一张 ⊖。此图

⊖ 为保持原汁原味，让读者看到原图的错综复杂，两张图均未翻译。——译者注

打点坏主意

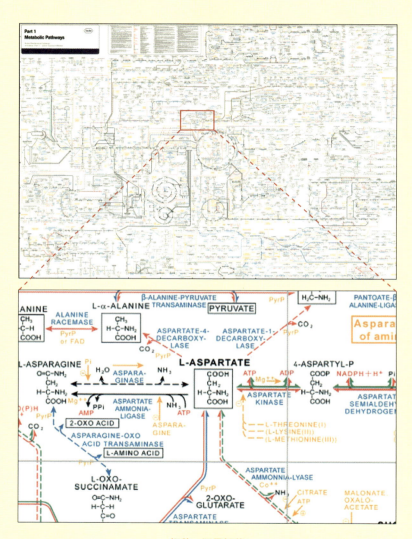

细节，还是细节

为代谢途径的模型。我将其中一小部分做了标记并放大，以便你们能更好地感受细节。我虽然完全看不懂，但每当有人说起某种营养美食有效是因为……某某毒素……某某肠道菌群……血型……健脑食品什么的，我就会想起这张图。

你需要做的，就是想办法做一点改变。快去，找一根拉杆。其他什么都别动。每每看到这类言论，我就觉得假如我真的吃了那些鼓吹有各种功效的营养品，最后却什么效果都没有（往往都是如此），那我倒算是命大的了。

于是，我养成了一个（也许不止一个）烦人的习惯，但凡听到有人说"我们要做的就是……"罗氏制药公司的代谢途径图就会浮现在我的脑海中。在任何一个系统中，想明确知道自己要做什么并非易事，而且不久你就会开始怀疑，系统中还有系统，就这样无限循环——几乎一切都是相互关联的。而且，"系统思维"本身就是一门学问。通过我的描述，你可能会认为系统思维令生活变得毫无希望，但它努力破解复杂的生活，我们的生活也并非因其变得悲观。实际上，系统思维在竭尽全力帮我们找出破解生活复杂性的规则。

本书还有一些系统：海岸（生态系统）、雪花（如你所知，每一片都独一无二，由复杂的物理系统形成）、小狗"南瓜"（与所有生物都相同的系统）、大学（一个社会/教育系统）、天气（气候的一部分，一个我们担心已经被破坏了的环境系统）、医院（医疗

打点坏主意

与社会保障系统的一部分）、黄昏时灯火通明的小镇（供电与配电系统，以及其他系统）、其他一些系统等。这些系统哪一个不比罗氏制药的代谢途径更复杂？

我对其中一些系统略有了解，有时就会想："为什么它看上去这么复杂呢？"然后凭借着超强的理性思维，我得出结论："也许因为它本身就很复杂？"当然，并非所有系统都一样复杂——而且我们需要对其了解的程度也各不相同。在简单系统中，小问题的简单答案往往比大问题的复杂答案带来的反作用要小（详见彼得·西姆斯的《小赌大胜》一书，介绍如何通过对事物施加微小的干预以达到效果）。比如，我们可以给小狗"南瓜"剃毛，而不会对它的身体其他部位造成影响。我们可以改变英国广播公司的标志，而不会造成任何实质性影响，许多公司都是这么做的。我们可以在那个镇上新设一个简单的自行车减速带，然后……

啊……差点忘了。我们就是这么做的。即使是微小的调整，也可能造成大麻烦，你不可能指望能一劳永逸。孤立地看待变化、忽略各种潜在的反作用，是节约智力资本的一种方式，因为我们无法事事都想到，但这会使我们看起来头脑简单。次生效应和系统效应不是也不应该是我们最先要考虑的。但如果你在行动时完全不考虑它们，那你就不是在思考，而是在痴心妄想。

> 对本书感兴趣的读者，应该也听过电车难题。为了避免让失控的电车撞死五个人，你会选择让其改道从而只牺牲一个人吗？这已经成为一个著名的、或者说是臭名昭著的思想实验。其实这个问题十分简单。
>
> 就好像你曾经遇到过这样的情况：你完全知道一项重大干预行动会产生什么样的结果，而且这些结果可以精确地指定，它们都是同一种结果（人命损失），因此这些利弊是可以比较的，在它们之间做出选择的实际困难（转换一个点）实际上是微不足道的。生活并非如此。但这重要吗？或者说，这种怪异而粗糙的简化是否仍能帮助我们思考更复杂的现实问题？可参见芭芭拉·弗里德对于消除电车难题的论述，因为其过度简化了关于思维的思考。

你是否会看着那无效的减速带，想着"只要步道长于 X 米，就可以安装一个减速带"或是其他任何政策，为何会变成这样？为何制定时没能考虑到现实执行的困难？奇怪的是，如今所有研究政策失效的人都在抱怨执行问题。他们说，问题不仅在于是什么，还在于怎么做，在于具体的实施细节，所以才会有那些毫不意外的意外："哇，原来比我们想象的还要复杂。"

打点坏主意

针对这个问题，有一种观点认为"情景为王"。我们在介绍数据的章节也提到过这一观点。在这里，它是指无论你认为哪种规则、法则、原理、想法可能适用，真正决定它们是否有效的是环境。因此，最常见的意见就是了解问题所处的环境与背景。但实际操作起来会比听上去难得多，因为"情境"给人的印象是稳定的、可描述的、一旦了解就可预测的。所以有人说，用"海景"更贴切，因为现实的环境是不稳定的、难以预测的，即使是我们已经观察到的世界，也依旧在不断变化。所以问题的关窍，在于你的想法要在这样的环境中发挥作用。人们在谈论事物复杂性时，就常用"海景"一词来做比喻。

政策环境

打点坏主意

一项关于政府决策效果的研究指出：如今看来，政策环境比以往公众所认知的要复杂得多。研究发现，影响政策实施的因素是复杂的，多方面、多层次的，而公共政策往往又像难以变通的"棘手问题"，造成这种局面既有多种可能的原因，又有因时因地而异的各种潜在问题。

稀奇的是，这种观点最近本应流行起来，因为政策失误随处可见（详见由艾弗·克鲁与安东尼·金合著的《我们政府的失误》。该书收录了12个经典的政策失误案例，不仅耗费巨资，还毁掉了普通人的生活），商界巨头失算或毁于自负的例子也比比皆是。看着那些西装革履的家伙们阴沟里翻船倒有意思，可见多了也就无趣了。有句话我很赞同，说我们做计划的前提，不应是一切都能按部就班地进行，而是计划中的某一环可能会掉链子，或某个人可能会犯傻。

我记得电台主持人埃文·戴维斯曾提问一位政府首脑，类似于："你认为你的政策可能会失败的原因是什么？"他还说不是真的要承认存在问题，只是陈述可能的原因。结果对方解释了一大通，意思是"不存在任何问题"。埃文又追问："一点问题都没有吗？"——难道就没有一点儿出差错的可能吗？他随后还一口气给出了不少"提示"。现状就是如此。

但是这种可能出错的风险，就留下了一个现实问题。既然无论我们自认为了解多少，都难以确定想法是否能成功，那么我们该

怎么办呢？放任不管？有一种建议是：提高适应性。无论要试行什么，都做好要尝试其他方法的准备。还有一招是，如果感觉无论如何都会有高风险，那就尽可能多做尝试。最好是在全国或全行业推广你那闪闪发亮的新点子之前，先小范围试行一下。

这与我们的思路略有不同。但是，设计精良的研究所采集的优质实验证据是最接近事实真相的，也有助于揭示事物的复杂性。这并非什么新观点，但这一试行原则已经逐渐走入政府视野，在社会科学领域日益壮大（详见 2019 和 2021 年度诺贝尔经济学奖获得者的论述），在宣传营销行业已成标准化操作（如 A/B 测试等）。而差别实验，正是机器学习的一种方式，即通过尝试某种方案，再在某个问题上随机抛出一个明知是错误的解决方法，继而从反馈中获取有用信息。正如蒂姆·哈福德所指出的，实验，就是通过进化使你之所以成为你的过程。至此，你可能会说："什么意思？这家伙难道认同获取知识的一种简单途径是——实验？"别傻了。

为时尚早

另一份令人尴尬的清单……

1. 并非所有重大政策问题都面临着像海景那样不稳定的环境，或存在像设置自行车减速带那样不确定的结果。有些问题是几乎永远固定不变的，只是不同的人想要的结果不同，

打点坏主意

所以我们很难就决策达成一致。这种情况更关乎政治与价值取向,而与制度无关。

2. 虽然所有实验往往都具有启示性,且实证研究正是我的首要资料来源,但实验并不简单,且还远远不够。实验也可能是不可靠的、被证伪的,难以解释的,很容易被搞砸的。科学界不就正在经历所谓的"复现危机",许多著名实验的结果都无法成立。即使是结果成立的实验,也未必能像它们所展示出的那样揭露了一切。

3. 世界如此纷乱,如何将某个事物单独剥离验证呢?验证何物呢?它与整体的关系又如何?20世纪70年代,人们检验理性的方式,往往是将其归纳为一种狭义的概念,再在实验室进行验证。如今看来,这种方法歪曲了理性的整体概念,等于从一开始就误导了人们对于聪明思维的认知。这意味着我们刚刚得出了有助于培养聪明思维的工具——实验,这个工具却可能也在误导着我们对于聪明思维的认知。这可太讽刺了,不是吗?

曾有一位政党候选人,为了争取 3 个摇摆选区的选票,便找到一位心理学家,问他应该在上述 3 个地区播放什么样的电视竞选广告。幸运的是,这位心理学家刚好有新鲜出炉的研究结果,相较于正面宣传广告,人们一般更容易

被攻击对方候选人的攻击性广告所说服。这位候选人被说动了——结果惨败而归。在落选调查中,他将落选原因归咎于攻击性广告。

后来,那位心理学家解释说:"事后看来,第一个选区的选民很可能受教育程度过高,可以预见,攻击性广告会令高学历的选民反感。第二个选区的选民又以工人为主,他们很可能不喜欢看到女性候选人公开批判男性对手。而对于第三个选区来说,广告内容过于夸张了,你只需要稍微点出对手的弱点,而不是令他看上去像个动画片里的坏人。"

"好吧,但你为何不事先告诉我这些小细节?"那位候选人问到。

心理学家答道:"嗯,一般情况下,这套理论是行得通的,但具体问题具体分析。"

这个小故事出自得克萨斯州的一位心理学家——塔尔·亚尔科尼,他说心理学研究,也即一般意义上的社会科学研究,往往没有宣称得那么有用。在简单的实验室条件下,通过严格定义的、可量化的实验所证实的理论,到了环境复杂多变的真实世界里,可能就无法奏效了,这就导致了一个悖论,即"一般正确的"具体做起来却几乎处处碰壁。当然,这并非让我们放弃的借口,而是让我们保

> 持冷静，不要头脑发热。塔尔写道："如果你选择研究极其复杂的现象，其中的每一个环节都可能是若干因素以极其复杂的方式相互作用而成的，那你就不要指望能得出放之四海而皆准的金科玉律。"

4. 并非什么事都能试。就政治事件而言，比如"脱欧"，就不可能先试行。再者说，试行也需要时间，有时时间紧迫，条件不允许。玛格丽特·赫弗南认为，试行在商界根本行不通，因为商界的信息瞬息万变，没有什么持久有效的真理（我虽不认同，但……）。即使是设置减速带，试行也未必有效。因为你在试行过程中，未必能考虑到实际设置时的所有可能出错的情况。"不，我们当时试行时，没想到要在公园旁边设置。"心理学家库尔特·勒温有句老话："只有当你尝试改变某个系统时，你才能真正理解它。"注意，这里的"它"是指真实世界的系统本身，而非实验室中的替代物。

5. 好的实验也需要好的理论来支撑，因为实验只能告诉你发生了什么，而无法解释发生的原因，而要解释实验，就需要进行因果假设，所以做好假设同样重要。一旦我们说：我们只知道这么多或说生活处处是意外，那我们就是在验证自认为了解的东西，或只是赌一把（往往二者兼而有之）。需要注意的是，任何实验都必须做好。而实际上，大多数实验都不

合格,甚至众所周知,错误的结论总能赢得最多的掌声——比如那些被媒体鼓吹的新奇的、反常规的发现或是 Ted 演讲里的那些"高见"。围观的群众总是赞不绝口:"哇,那可是实打实的成功经验啊!"但是,仅凭实验验证是不够的,哪怕是由某个"特立独行的人"或是勇敢的外行所试行,无论它多么"反常规"、多么"新颖"都不行。

某位特立独行者草率进行的糟糕实验,就掀起了一股用抗疟疾药羟氯喹治疗和预防新冠肺炎的热潮。而正确的实验应该是通过大范围的随机临床对照试验再得出结论。所以经过正确的实验,我们得知羟氯喹对于新冠并无疗效,而一种类固醇类药物才是良方。两者究竟孰优孰劣,我只能用生命来打赌,归根结底就是赌哪一种疗法是正确的。假如我不幸感染了新冠,重症难愈,请不要给我用羟氯喹,一定考虑用类固醇类药物。但也请记住,随机临床试验也有好坏之分(即使是好的试验方法也会有被滥用的风险)。

我非常喜欢实验,所以见不得有人草率对待。花时间去了解什么是成功的实验,什么是失败的实验,对于找到真正的方法,了解事物的本质,是无价的。无论对于政界、医学界还是商界,皆是如此,只是真正做到这一点很难。与此同时,做好实验也正是对放弃或放任不管最好的反击。

打点坏主意

> 成功的实验,就是不断地尝试与评估,如果结果反馈是否定的,就再做其他尝试。我很赞同艾米丽·班克斯的一句话:"唯一真正有用的方法是,得出证据—实施想法—付诸行动—评估结果—得出新证据,如此一直循环下去。"简言之,就是攻破一点,就再继续研究另一点。目前,英国政府对约8%的重大项目进行了评估。至于其他项目,想必他们已经"了如指掌"了。

6. 总体而言,本章的观点过于悲观。你觉得强调每一个潜在的负面因素能成功吗?看看汉娜·里奇对"缺乏耐心的乐观主义"的解释吧。这恰恰也是聪明思维的另一个矛盾之处:既保持怀疑,又保持乐观。

7. 你可以一边为可能出现的差错而苦恼,一边放手去做,这完全没问题。杰夫·贝索斯认为亚马逊目前困难重重,埃隆·马斯克认为特斯拉前景堪忧。但他们都并未因此破罐破摔,而是预料到失败,也仍奋力一试。所以,潜在的失败也是有价值的且可以接受的(但请谨记,我们往往难以正确评估它们的价值)。

8. 谦逊的问题在于它可能会导致失败主义。承认世界复杂难解,究竟是真正的谦逊,还是为了掩饰消极态度?我们是否在拿谦逊当成不作为的借口?

故事碎片
罗里的故事骰子（我可不是在打广告）

11 三思而后行
对故事：爱而不信

在所有陈述现状时,只有当我用讲故事的口吻来叙述,一些观众才会感兴趣。

故事,就是日常生活中的创意天才。它们用小说或非小说的方式,将事实、起因、情感等天衣无缝地串联起来,令人信服。故事的种类,可以是新闻,也可以是生活轶事,可以是莎士比亚笔下的那些,也可以是爱情喜剧。即使是《自然》这类科学杂志上的学术论文,也可以采用故事的形式。通过故事,我们可以很好地揭示生活道理,所以有些聪明的思想家会告诉你,掌握了讲故事的技巧,也就掌握了成功的秘诀。所以本章的主题,就是关于用故事来思考与再思考。

但是,由于用故事来思考也会产生问题,所以另一些聪明的思想家则发出了警告。尽管简单叙事也会有许多好处,比如可能会带

三思而后行

来情感冲击，展现出清晰的因果关系，得出明确的结论，观众也很买账，可问题是"生活不是这样的"（这句话各位应该并不陌生）。如果我们总用讲故事的方式来思考（我们确实如此），又想验证自己想得到底对不对（我们确实如此），那首先就必须重新构思我们的故事。下面我会用我最熟悉的领域——新闻业的一个例子，来尽量解释清楚这是什么意思。

记者以故事为生，这里的故事，就是我们业内所说的新闻报道。我们用故事来思考，认为会讲故事就是做好记者的关键。我们不是要去编故事（好吧，至少不是所有人都这样），因为我们的首要任务理应是搞清楚事情的真相。但讲故事的观念一开始就影响着我们的思维。换句话说，记者处理证据的方式和其他人一样，都会想着如何将其拼凑进一个故事里。

结果如何？通常很好，有时也有例外。

以下是我当写手时的一些方法，虽然有点夸张，但还是能说明问题的。我们一般在描述事件时，会构建一个叙事弧^㊀——即从一套标准的叙事要件中整合出一个故事，同时还要引起读者的兴趣。大概是这样……

1. 主角安德鲁。我们会说："可怜的安德鲁遇上了一件可怕的事。"我们会借此以吸引你的注意。（这部分是事件，不

㊀ 叙事弧是用连续的方式叙述情节起伏的弧线，分为五个阶段：阐述、上升动作、危机、高潮、下降动作（或结局）。——译者注

过我们一般不这么说，我们称之为"奇闻轶事"或"案例研究"。）

2. 接下来几乎是惯例，我们会说："安德鲁的情况只是'冰山一角'"，借由安德鲁的命运转折引导观众去了解一些令人震惊的数据，使他们看到问题的严重性，当然这些都是事实。（这部分被称为"证据"。）

3. 我们要引以为戒。安德鲁就是我们的前车之鉴，接着就由专家来解释问题是如何发生的，为什么会发生。（这部分可以称之为"背景"。）

4. 然后，就需要一些冲突，因为我们来到了叙事弧的关键点。冲突在叙事时往往是起正面作用的（不过我们会称之为"权衡"）。于是就会有某位政客或党派候选人对安德鲁的遭遇感到愤怒，并提出简单的解决方法，在其他派别的不同人又会有不同的观点。

5. 最后则是斯堪的纳维亚政府的做法，往往都行之有效，于是号召我们也在全国推行，从此便能过上幸福的生活了。

虽然有些夸张，但也不算离谱。这些都是故事的基本元素，它们难道不是环环相扣，逻辑严密吗？一旦熟悉了这一套，就很难再割舍了。整个故事看起来如此严密，如此真实，如此完整。

它怎么会出错呢？我们再给它增添一些"血肉"，让它成为一

三思而后行

个真实案例。

这就是安德鲁·马尔的故事,他是一名著名的记者、电视节目主持人,人到中年,不幸中风。这真的令人震惊,而这还只是冰山一角。医院收治的中风患者中,中年人越来越多。在过去15年间,40岁至54岁的男性中风发病率大幅上升了46%。这些都是真实的证据和事实。一家全国性报纸写道:"中风协会称这一增长率令人震惊……这是国民健康状态较差的迹象。"一些有专业背景的专家认为,这一切都与肥胖人数的增加有关。然后就是不同人群对于应该采取哪些措施的不同看法。

以上是我将几则当时新闻报道和著名事件融合在一起,内容都是真实的。不要以为安德鲁·马尔五十来岁,又骨瘦如柴,正是容易被中风盯上的"天选之子",如果这在他身上可以发生,那么在任何人身上就都可能发生。中风的人越来越多,而你——没错,就你,吃着汉堡的中年人——也未必能幸免。

这样的故事也能轻易令人信服。内容也是真实的,至少部分真实。而且鼓励健康生活也没什么错,安德鲁的经历也并非杜撰。那么,这个故事的问题在哪呢?

各位不妨考虑一下,让我先来再讲个故事。

我在英国广播公司培训记者时,给他们布置了这样一个任务,去调查一下为什么鲨鱼袭击事件的数量会与冰激凌销量同增同减。

我们并非在刻意寻找真正的答案(但请继续),我们的目标,

是寻找其他的、更怪异的答案，去不断探索事物间的联系，去激发我们的创造性。为什么要去另辟蹊径呢？

两点原因。其一，因为我们常常过早地抑制了自己讲故事的本能。在得出第一个令我们满意的故事之后，我们便不再继续下去了。但是，无论是写故事，还是重写故事，都同样需要想象力。你所要做的，就是继续构思。我们想让记者们养成不断思考的习惯，去不断追问故事的要素还能如何整合，去学会享受不断有新构思的感觉。

其二，我们想让大家看到，假的故事似乎也能说得通，这样大家就能明白为什么可能需要继续思考了。当时，我们给记者们 60 秒的时间，来重新想出一个新的鲨鱼攻击事件与冰激凌销量之间的联系。

培训多年以来，我们得到的答案有："天气炎热，人们纷纷来到海边，在沙滩上买冰激凌，鲨鱼看到冰激凌，也眼红了。于是鲨鱼们不惜一切代价也要得到一只吉百利脆皮冰激凌。"

而我最喜欢的一个答案是："你没有意识到的是，假如你不是一直握着冰激凌不肯放手的话，你就能更容易逃离鲨鱼的攻击。"

这话很对味，因为它听起来有种奇怪的合理性，你不觉得吗？明白我的意思了吗？这句话有点道理。你悠闲地漂在大海上，手里握着可爱多，这时候有条大白鲨突然向你逼近。我敢打赌你的泳姿必然会受到限制。

三思而后行

如果如此荒诞的故事说起来都有一点可信度，这就点出了构思故事的危险性。故事可以运用碎片式的推理，诱使你从现有证据出发，最终得出看似真实的鬼话。使故事引人入胜的一切，都可能是骗局的源头。

那我们该怎么办呢？所幸，那些诱使我们信以为真的创造性联系，恰恰也暗示了我们解决方法。我们要么对故事信以为真，要么就发挥我们的讲述和复述能力，再现新的故事，即把故事的元素——如鲨鱼和冰激凌——拆分开来，然后开始"玩转"这些故事碎片。正是那些看似真实的关联性使故事如此危险，所以技巧就是将其拆分开来。菲利普·泰洛克和丹·加德纳在《超级预测》一书中讲要"拆分各个组成部分"。

将故事碎片拆分成一幅幅图片——就像本章中的冰激凌和鲨鱼的图片那样——评估各个部分及其之间的联系，再添加更多相关元素，然后将这些组合起来，看看它们还能否有其他串联方式。不要抑制故事的神奇魔力，使其无法将一些特定的片段整合成一套固定的叙事。如果你能用这些片段创造出一个故事，你就能将其拆分再以不同方式将它们重新组合起来，而且你还能享受这一过程。

顺便说一句，如果你还在纠结鲨鱼攻击和冰激凌销量相关联的原因，那我告诉你，答案就是夏天。夏天来了，冰激凌自然就卖得多；夏天来了，游泳的人自然就多，而游泳的人越多，鲨鱼攻击人的事件自然也就越多。

三思而后行

这些练习的意义在于,我们要成为能快速产出各种设想的机器——能利用素材,创造性地编造出多个故事,而不急于满足于一个我们喜欢的故事,便浅尝辄止。如果你觉得这些都只是小打小闹,那我要说,可别小瞧它,这是最优秀的分析师都渴望能获得的技能。

谷歌的首席决策师卡西·科济尔科夫便如是说:

"专家级的分析师从不会向你兜售通过拷问数据而得出的故事。相反,他们在谈论自己的发现时,总会闪烁其词,用语温和,他们还惯于对所有事物做多重解释。如果你怀疑某人是数据分析界的绝地武士⊖,不妨试试这一招:请他为你讲解一些数据或图表。他们给出的解释越多,速度越快,他们的能力就越强。如果他们只停留在某一种解释上,那说明他们还处于学徒阶段。"

如果你想成为数据分析的绝地武士,在不接触数据的情况下练习讲出多个故事的技能,那么你可以先培养讲故事的直觉,用儿童游戏"故事骰子"来讲述不同版本的故事。

故事骰子是每一面都印有图像,而非数字的骰子,比如分别印有箭头→,蜜蜂,手,飞机,世界,火。规则很简单:掷骰子,讲个故事。

⊖ 绝地武士,电影《星球大战》中的角色,绝地是一个崇高的团体,由信仰和尊崇原力的保护者组成,在银河共和国繁荣发展的数个世纪里,绝地一直为共和国服务,担任和平与正义的卫士。——译者注

我被丘比特之箭射中→

但被蜜蜂蜇了

所以被拒绝

于是我去旅行✈

去了很远的地方

在痛苦中，我成了一个纵火狂

简单吧，这是对我们构建故事能力的一种评估，但也有隐患，这种发现事物联系的能力，也能使我们从谎话中拼凑出故事来。

我们人类的预测能力一向有点弱，而在解释历史时却相对手到擒来，怀疑论者就认为之所以出现这种差异，是因为我们对历史的解释就如同在玩故事骰子游戏。我们其实也并不如想象得那么了解历史真相，但我们的确知道当骰子一旦掷出，该如何排布这些片段来讲出一个合理的故事。人们拼凑碎片的本领是很优秀的。但是将骰子整齐排列的满足感并不意味着我们的排布是正确的。

所幸，我们说，问题本身也可以是对策。如果想象力能让我们陷入困境，也许它也能帮我们摆脱困境，或者至少能通过重新排列骰子，来验证已经讲过的故事。我们可以用故事来挑战故事。

被丘比特之箭射中→

但我拒绝了

转而拥抱自然

三思而后行

并发誓要拯救世界🌍

使之免受气候变化之灾♨

于是搭上了下一班飞机✈

如果你想玩一下故事骰子，可以尝试升级版，我们称之为"故事骰子竞速版"。一次掷出3个骰子，就只掷一次，之后就不再动了，看看你能在1分钟内讲出多少个不同的故事。锻炼一下你的创造性叙事思维。

我一直怀疑，大多数人的思维都被禁锢了，就像玩故事骰子，一旦将若干具有模糊关联性的证据拼凑在一起之后，就心满意足了。但是通过这个游戏可以得知，要拼凑出令人满意的故事并不难，而找出真相却很难。但至少，我们可以学着不断尝试。

这是个类比。那如果不玩这个游戏，我们该怎么做呢？让我们再回到安德鲁·马尔和中风患者激增的故事，并从中选出两个具有某种关联的元素，即2个故事骰子：

- 中风人数
- 医院病例

也许我们会想，这二者之间只有一种联系，一个故事，中风患者人数和医院病例数是成正比的。这种想法是很普遍的。但如若果真如此，我们就刚刚画出了一只飞翔的独角兽——仅凭直觉就迅速

地对看似有内在逻辑的证据含义得出结论。英国广播公司就是这么做的,他们报告称中风人数增加,因为医院的中风病例数在增加。

重新构思一个新故事如何?这一次,我们来想想,尽管医院的中风病例数有所增加,可为何实际的中风患者人数可能在减少呢?想想中风患者人数和医院病例数之间的其他关系。注意,这不是计算问题,而是关乎想象。还有什么其他原因可以解释治疗人数的增长?

并非所有人都能轻易想到,所以提示一下:医院收治的中风患者增多。就是说,中风患者人数并不完全等同于入院治疗的中风患者人数。还不明白?说白了,并非所有中风患者都会被送去医院接受治疗。

原因是不久前,一大批中风患者被他们的全科医生办理了出院手续,并被告知不要喝酒,回家静养即可。可如今,他们会第一时间去往医院,因为他们认为自己需要尽快治疗。特别是已经接受过治疗的患者,就会更注重去医院接受治疗。因此,并非中风患者的人数增加了,而是患上中风之后,人们去医院治疗的频次增加了。这才是医院数据增长的真正原因。就有限的证据来看,在这一时期,总人口中患上中风的人数很可能是大幅锐减的,因为吸烟人口大幅减少——就此而言,那些报道都大错特错了。此外,有迹象表明,首次中风的平均年龄可能略有降低,但这可能是因为以前没有被收集到的病例,如今被统计进来的缘故。总的来说,媒体报道的

三思而后行

高增长率并不可信。

当我问到还有没有其他可能的故事时,大家都离开教室,思考1分钟后,有些人带着微笑和答案回来了。可在我提示之前,几乎没人想过其他的可能性。所以,想出其他故事并不难,难就难在当已经得出一个看似真实的、有说服力的故事之后,我们能否意识到必须摆脱"有一个说得通的故事就行了"的想法。显然,说得通的并不意味着就是真的。实际上,看似可信的既可以是线索,也可以是骗局,就如同一种认知麻醉剂。不要过早屈服,而要继续追问。将故事碎片拆分,再重新想象它们之间的联系。实验心理学家加里·克莱恩就将洞察力定义为"故事转换的能力"。

不过要小心,肥胖和中风之间确实存在关联,只是这种关联不足以超过吸烟与中风之间的联系。胡言乱语也并非全然毫无道理——这就是为何我们要拆分整体来检验部分的原因。但不要指望每次都能一锤定音。第一个故事往往都是对的。只要你愿意去检验它,就可以了,因为同样的证据(或者如果你想成为数据分析界的绝地武士,那就是同样的数据)可以与截然不同的多个故事相吻合。

我这里还有专门给技术人员的一张图。它被称为"数据侏罗纪"——由12张图表,外加一只搞笑的恐龙组成。如你所见,每一幅图都截然不同。但其实又完全相同。因为从某种意义上来说,它们讲述的故事一模一样。X轴上每个点或数据点位置的平均值都是一样的,精确到小数点后两位。Y轴也是如此。每幅图中,

证据 / 故事

参照上面那幅图,讲一个故事。然后试着像第二幅图那样发挥你的想象力。只是这辆自行车究竟能否动起来……

衡量点的分散程度的指标,即统计中常用的标准差也是一样的。("Corr."代表皮尔逊相关系数[○],各位可自行查询)因此可以说,包括恐龙图在内的这 13 幅图都可以用同一个故事来概括。现在倒过来想象一下。假如你有一个数据故事,那么,可能有多少种证据会与之相符呢?

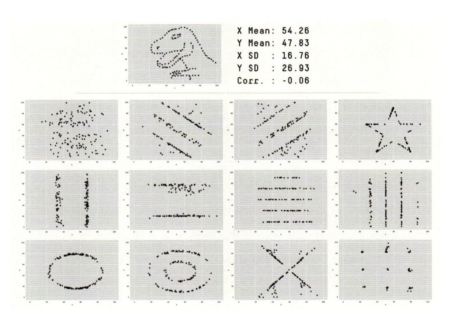

"数据侏罗纪"和恐龙

○ 皮尔逊相关系数:一种衡量两个变量之间线性关系强度的统计指标,取值范围为 -1 到 1,其中 -1 表示完全负相关,1 表示完全正相关,0 表示无关。——译者注

若不是篇幅所限,我会在此附上一个动画的大量截图,图上就是许多移动的点,这些点通过位移会不断形成缓慢旋转的三角形。这些三角形,就可以被视为基于证据而得出的更宏观的故事。

不过,你也可以利用相同模式的点的位移,来得出许多移动的正方形,只是它们的旋转方向与三角形相反——这则是基于相同证据得出的一个截然不同的故事。你还可以用一个大的、缓慢旋转的星形来试试。或者你也可以通过某种奇特的、变幻的3D多面体,一次呈现3种形状,且组成它们的点的移动模式都是相同的。这巧妙地实现了"等值模型"或"不完全确定性"的可视化——即证据无法让我们形成完全确定的观念,且这些证据可以有多种不同的解释。想了解更多这类可视化材料,可参见尾注。你再也不会认为自己知道证据所呈现的故事是什么。或者说,你也许知道,但会更谨慎对待。

故事的要素之一是因果关系,即告诉我们事物之间是如何联系的。因果关系是个大课题,但哪个不是呢,让我们来深入探讨吧。

如小说家E·M.福斯特所言:国王死了,王后也死了和国王死了,王后悲恸而亡完全是两码事。讲故事重要的不仅是什么,还有

三思而后行

为什么。因果关系就是"为什么",是故事要素的黏合剂。

但这黏合剂是需要被撕开的。回到前面的例子,我们可以看到那些因果判断是如何悄悄产生的。中年男性可能会患上中风,看看安德鲁·马尔就知道,这是事实。越来越多的中年男性因中风而入院治疗,有医院数据为证,这也是事实。肥胖会增加中风的患病率,且已知肥胖人数不断增加,这还是事实。在意识到这些之前,你已经确定了因果关系,即肥胖直接导致中风患者大幅增加。

整个过程,就是一大堆证据、知识、观点,往往还有情感,全部通过因果关系整合在一起,形成了最大的证据单位——故事。这是因果关系的作用,它将所有整合在一起,使一切似乎都能支持我们的解释。这也是为什么拆解故事是检验故事真伪的最佳方法之一。要想重新审视证据,尤其是那些揭示原因的证据,就必须拆解故事元素。退回去,冷静地、单独地审视它们。

一些社会科学家会用特定方法来做因果假设——这里我们即将进入高深的学术领域——即运用被称为 DAG(有向无环图)[一](不了解的读者可自行查阅)的因果关系图。别管这个术语了,我们来琢磨一下原理——就是图片。其实也就是箭头,用箭头来铺陈

[一] 有向无环图是一种图论中的概念,它指的是一个没有定向循环的有向图。在这种图中,每条边从一个顶点指向另一个顶点,且沿着这些顶点的方向不会形成一个闭合的环。——译者注

出一个因果故事。例如……

屏幕时间 ⟶ 肥胖

二者的关系解释清楚了吗？还是需要再进一步梳理……

屏幕时间 ⟶ 体育锻炼 ⟶ 肥胖

也就是说，二者不是直接的因果关系，而是间接的。思考并找出故事的中介因素至关重要。同时，思考箭头的含义也有助于我们找出真相。那么体育锻炼与肥胖又是什么关系呢？

但如果……

也有可能"屏幕时间→肥胖"这样的解释不太说得通，而由于父母的抚养方式不当（我就是这样的父母之一，父母行为往往都是罪魁祸首），导致了这两种情况同时发生。那就可能是这样的：

屏幕时间 ⟵ 体育锻炼 ⟵ 肥胖

这种情况下，箭头指向相反的方向，就是说肥胖导致了体育锻炼的减少，以此类推。

我并不是说这些就是正确答案，更不是说所有答案都是对的。我只是说，这个方法可以帮助我们反思，让我们意识到，假如我们轻易做出假设,得出故事,那我们可能会错过什么。它能帮助我们重新思考,帮助我们找出错漏之处。虽然有些研究人员十分推崇此方法,我倒觉得,这个方法更多的是帮助我们找出因果推论中存在的问题,而不在于给出确定的答案。但不管怎么说,也是于我们有所助力的。下次你对某个故事感到困惑时,就可以画个因果图试试。

顺便提一句,不知各位是否注意到,大多数谈论聪明思维的书都是一个模式,开篇先是讲一个故事,然后说这个故事反映出某种重大的因果关系,接着用大量数据和科学依据来佐证?"那是内布拉斯加州六月的一天……这恰恰说明……某处的一项著名研究证实了这一点……"这可以说是大众科学的基本模板了。如果你想要重新思考聪明思维,就学着拆解故事吧。

故事能满足我们的秩序感。它们让人有完整、有头有尾、严丝合缝、环环相扣的感觉,让我们相信自己找到了真相。所以请记住,当骰子掷出后,我们很容易就能编造出一个情节连贯的故事,而这种"简单""满意""连贯"和"看似真实"并不等同于"真实"。

为时尚早

一堆需要谨慎的理由……

1. 有时，过犹不及。过度发挥想象力，创造故事，就又退回阴谋论的独角兽了。所以，即使我们想出了其他故事，工作也还远未结束。此时我们所拥有的，只是一堆相互对立的解释。下一步，我们必须对这些解释进行评估。"解释与评估之间的区别很容易被混淆"，大卫·拉格纳多在《解释证据》(*Explaining the Evidence*)一书中如是说。以犯罪为例。"被告之所以这么做是因为他需要钱……"这是一个看似真实的故事或解释，但这不是评估。评估是要看看这个解释有多好。换言之，是要看这个解释对不对？大卫认为我们善于解释，而不善于评估。所以，当我们发挥完想象力，创造出若干故事之后，就要开始判断，哪个故事最贴合实际？而这可是个大难题。挑战故事只是找出真相的一小步。

2. 我们都听过要对故事保持怀疑的理由，比如记者们会被证据所迷惑，但最终，我们还是得把那些证据整合起来。故事仍然是最棒的合成器，它是我们的心智模式认识生活规律的本能的、高效的产物。再加上情感、名字和面孔，就建立起了人文联系，再在各处适当增添一些细节，再运用开头和结尾来增加完整性，这样的故事几乎令人无法抗拒——而引人入胜是极其重要的。最后，无论讲故事会有多少弊端，我们还是要讲。我们总能找到更多理由，来证

三思而后行

明它是对的。同样，因果推理也是能让我们保持不断思考的动力。因此在否定之前，请向帮助我们解答生活谜题的出色的理解能力致敬。关键是，这种天分也可能被误用在处理错误信息上，所以要谨记：我们的结论是暂时性的，永远要乐于重写新故事。还要记住，我们自身的因果推理能力究竟如何。真相往往并不遥远。总的来说，故事的优越性、实用性与它们的迷惑性是保持着微妙的平衡的。同样，没有任何一种观点能告诉你，究竟该如何取舍。

3. 我们的信念和观点都是建立在一块块垒砌的基石之上的。重新思考某个故事片段，就会牵一发而动全身。这是个大问题。所以有时，生活在半废墟上反倒更轻松。（想要了解有关这方面的更多信息，可搜索"信念固着"⊖）

4. 打开思路也是有限制的。假如我要继续挖掘其他潜在故事，我能请别人找个纳粹来跟我谈谈吗？（注：这里主要是反讽）俗话说："脑洞不要开太大，小心脑子掉出来。"换言之，想象也要有限制。那么问题来了，我们发挥想象，创造新故事的界限在哪里呢？除了要防范自鸣得意和骄傲自

⊖ 信念固着：是指人们一旦对某项事物建立了某种信念，尤其是为它建立了一个理论支持体系，那么就很难打破人们的这一看法，即使是相反的证据与信息出现时他们也往往视而不见。——译者注

满的危险外，你怎么知道是否过界了呢？我是否应该对那些毫无头绪的人敞开心扉？还是应该怀疑他们别有用心？更糟的是，既然太把别人的故事当真总难免会上当，那么任何人都可以凭借这一点来为自己辩护。当然，人们需要有开放的心态，这没错……但现在，我没必要听你的，因为你别有用心。于是将自己的固执僵化辩解成有原则，而把别人的思想开放贬低成幼稚：你不是想得开，你是想得美。现在，我们继续来谈谈你对自己的思维可能有哪些阻碍。思想太过开放鲜少是阻碍之一，我猜想，我们大多数人都需要的，是将思路打开，再多一些想象力，多些思辨。

最后，再来谈谈创造力。曾获得诺贝尔奖的生物学家——弗朗索瓦·雅各布曾谈到"夜科学"㊀——这是一个很美的比喻，与"昼科学"相对，是指从未出现在实验、科学杂志或新闻上的思想观点，是一种无休止的、对背景信息的本能的拆解与想象。"夜科学盲目徘徊，它犹豫、踟蹰、畏缩、焦虑、一惊一乍。它质疑一切，永远试图找到自我，质疑自我，再重新振作。夜科学是一个

㊀ 夜科学（Night Science）：是指在非结构化领域，探索的是可能的假设和尚未成熟的想法；与之相对的是昼科学（Day Science），主要是对假设的证伪，观察哪些假设能够成立。夜科学创造假设，昼科学验证假设。——译者注

创造可能性的车间,在这里,科学的建筑材料被加工出来……在这里,各种现象仍是孤立的事件,彼此之间没有联系。"

各位,这些都是日常生活中的一部分。

我认识一些人,他们总是本能地去拆解一切因果解释。他们就像能快速产生假设的机器,可以创造出许多故事,并乐此不疲。奇怪的是,这些人中有许多都是统计学家,这不免令人产生一个可怕的想法,即一群痴迷数字的书呆子可能比我这个语言类专业的学生更有讲故事的想象力。太丢人啦!但我们能否向他们学习,并养成开拓思路的习惯呢?可以一试。我们可以先从一些非政治性的例子入手,试着拆解这些故事,再重新讲述一个,用尽可能多的方式来讲,解释为什么。

1. 与没有孩子的家庭相比,有孩子的家庭的屋顶上,更有可能出现鹳鸟。
2. 服用维生素 E 的人更长寿。

接下来,尝试一个非常敏感的例子。首先,确定你要讲的故事,然后将其拆分。同样,我们要的是多样的想法,而不是结论。

3. 移民住的地方犯罪率更高。

再来个极具煽动性的例子,且其很可能是真实的。但是不要下定论,而是尽情享受验证的过程。感受你看到这个话题时的愤慨,然后深呼吸,告诉自己在讲述不同故事时,要让情感消失,要平静冷静地,用各种方式来讲述。记住,这是对想象力的测试。

4. 婴儿潮一代垄断了所有资本。

你的解释可以是严肃的,也可以是荒谬的,都无妨。最重要的是发挥创造力,一而再再而三地反复验证你的初始想法。提升你的因果推理的能力,不要停留在舒适区。傻瓜才这么做,而人人都是傻瓜。尤其是不要停留在你最喜欢的故事上。事实上,想出你最希望看到的故事并质疑对其最有力的证据,比质疑其他替代故事要难得多,因为这是在对抗你自私的本能。顺便说一句,抓着阴谋论做文章或只是说"人们只是在撒谎"并不算发挥创造力。人们的确会撒谎,这毋庸置疑,但如果你能想到的仅限于此,那我已经开始觉得无聊了。

总之,我的意思是,我们不是要将一个故事封闭起来,而是用一种解释来补足它,我们是在令它更开放,用不同的方式来审视它,抵制所谓的"草率定论",而是让想象力为我们展现其他的可能性。公开辩论中明明有这么多人,却似乎每次都在朝着同一个故事方向前行。如果他们来读此书,他们只会认为这进一步证实了他们已经知道的一切。不要成为他们中的一员,他们已经死了。

三思而后行

小试牛刀

想一想：照片上的人和卡车是怎么回事？找出能够解释这个场景的所有因素及其之间的关联性。请发挥你的想象力。多讲几个故事，享受这个过程，要记住说"因为"的权利有多么来之不易。这幅图在 2021 年曾掀起了一小波热度。

给我讲个故事

找出这个场景的原因及关联性。

你需要用故事来取代故事。

——纳西姆·塔勒布

掌握了这些，我们就可以回到鲨鱼、海滩、冰淇淋的图片上，或是中风与医院的例子，思考其中的元素、箭头和中介因素，创造性地对它们进行整合。

任何故事中都有一个特别值得反思的部分：即我们总是想将人置于故事中心，仿佛人的可见的行动永远是故事的中心。大卫·斯皮格尔特在《统计的艺术》中写道：

仅仅因为我们有所行动，一些事情发生了变化，这并不意味着二者间就有必然的联系。人类似乎很难理解这个简单的道理——我们总是热衷于解释说明，更热衷于将自己解释为一切的起因。当然，有时这种解释是正确的，比如如果你按下开关，灯亮了，那通常就是你的行为所导致的结果。但有时你的行动显然不需要对结果负责，比如如果你没带伞，又突然下雨了，那这显然不是你的错。

术语

- 认知冻结：心理学术语，指本能地抓住一个最快的答案或解释，然后紧紧抓住不放。
- 恶性合理化：用高智商来创造因果联系，过分夸大事实，没有意识到这种聪明令我们反受其害。
- 因果错觉：轻易对事物之间的因果关系下定论。
- 闪烁其词：聪明的思考者们很喜欢的一个词。意指用一些小的事实来使人们相信更大的谎言，这是那些虚假故事惯用的伎俩。

卡车

- 很明显,司机在倒车,所以他在看后面。而其他人正试图阻止他。
- 不,说真的,显然是车出故障了。
- 很明显,那三个人在推车,还有一个人在假推(假推的那个人只具有相关性而不是因果关系)。
- 或者也可能是一个人真推,三个人假推?
- 不过也可能他们差点因为违章停车而被罚款,所以都在假装车出故障了。
- 但到底是车出故障了还是没油了?怎么会没油的你得往前追问到哪才能解释清楚呢?
- 其实谁都没使劲推,车是在自己溜坡下山,我把图片弄斜了,但我们还是假装一下吧!

一个关于决定的小故事

12 对赌思维
与不确定和解

假设你是得克萨斯州奥斯汀的一只猫，你应该可以猜测出外面的天气——反正就是一系列场景嘛，当然只能凭借你的经验，因为没人会跟你聊天气，毕竟你是一只猫。总之，从沙发上望出去，天气晴好，适合出门溜达一趟。

于是你用惯用的方法，让主人明白了你的意思，打开了门。奇怪，这白白的东西——我有见过吗？可能只有一点……嘿，什么鬼！外出取消，有新情况！

一张图片上的故事，不仅仅是一个故事。欢迎来到我即将介绍的贝叶斯思维的世界，有些人可能会感到恼怒。小猫也没想到它竟成了一个实践者。它留下了如此清晰的证据，让我们知道它的小脑袋瓜里在想什么，我们甚至可以用它的图片来代表聪明思维的一大主题。对有些人来说，这甚至是需要探究一生的哲学问题。

对赌思维

假如翻阅相关书籍,你一定能找到这个名词。也许"贝叶斯"或"贝氏"曾引起过你的注意,但你并未深究。如果你想要了解它或是苦于没时间细细琢磨,那这张图就能解答你一半的困惑。许多书籍在介绍贝叶斯思维时,大多会使用方程式的形式,而本书将以猫咪为例,更添风趣。

我所见过的关于贝叶斯思维最简单的定义是:先从证据出发,得出你相信的观点,然后再补充更多证据,看看最终能得出什么结论。听上去不是那么激进,不是吗?这是否只是一种改主意的花哨说法呢?差不多,但再给我一两分钟。

关于贝叶斯定理的历史可追溯至 18 世纪,当时一位信奉新教的牧师——托马斯·贝叶斯提出了一个观点,这个观点直到约 250 年后才被广泛采纳,而且可能也与他最初的想法有点不同。也可以这样说,我们认为的事实,只是我们从现有证据中,带着一定程度的自信所认定的想法,随着新信息的出现,我们会不断更新这个信念。有些人将此定理作为其思想的核心,因此自称为贝叶斯主义者。我本人也是这样的,虽然有许多贝叶斯统计原理是我所无法理解的。

或者如维基百科所说:"贝叶斯定理所反映的,是通过概率来表示的一种可信度,以及这种可信度应该如何理性改变,以解释相关证据的可用性。"

这一定理应用到猫身上,我们可以看出,对于出门溜达的前景

的可信度，一开始取决于天气晴朗，后来理性地改变了，这就解释了雪地上只留下了一个爪印的证据。据说，贝叶斯思维也适用于解释人类直觉。

如维基百科所示，如果愿意的话，你可以用一个数字来表示自己的初始可信度——这件事发生的概率是多少？在此例中，就是天晴时出门溜达。然后再用一个数字来代表新证据的价值，并计算新证据对初始可信度的影响，这用术语讲，前者是先验概率，后者则是后验概率。贝叶斯公式正是由此而来（各位可自行查阅）。只要愿意，你尽可以大谈特谈你的"先验论"，如果你不介意被嘲笑的话，或者你也可以穷尽一生，来钻研贝叶斯统计学的要点，与不同的统计学家和持其他观点的人唇枪舌剑。但贝叶斯思维的基本观点很简单，其实就像这只猫的思维，我们在给定证据的情况下，会对环境形成信念或期望，然后如果我们保持关注，就会发现意外的情况，进而重新校准我们的期望或信念。

好吧，可如果连只猫都能做到，那这个定理有什么高深的呢？嗯，这样吧……

首先，让我们来认真思考一下"可信度"的意思。任何缺少铁证的确定性的可信度其实也是一种可疑度。好吧，那就来面对这种可疑度。把它指出来，甚至量化它——你究竟有多确定/不确定？由于我们总是乐于强调自己知道的部分而忽略其他部分，所以这么做能帮我们重新聚焦，将我们的注意力从已知转向未知，改变我们

对赌思维

看待世界的方式。

史蒂芬·平克说:"概率与世界无关,它们代表的,是我们对世界的无知。"嗯,我想说,其实既代表无知,也代表已知。但无知是存在的,我们应该正视它。

其次(此处为矛盾之处),贝叶斯定理不仅适用于显然最难确定的事物——未来,而且也适用于此时此刻——现在。雪已经下了,它的存在是一个事实,但你能确定吗,你能确定它对你出门的影响吗?

综上所述,就会有点激进,这意味着我们对事实有一定程度的不确信。等等——一定程度的什么?对事实还有什么可信度?事实100%是事实啊,不是吗?

如果你从未这么想过,可能会有些难以理解,那我们就来仔细解读一下。

假如我要抛一枚硬币——结果未定——那正面朝上的概率是多少,50%?

当我抛出硬币,合手接住。现在正面朝上的概率是多少(现在结果已定,是既成事实)?而你并不知道,所以你可能还是会说是50%。

但结果已经是事实了。

没错,但对你而言,还是50%。

所以,一个现成的事实可能只是个概率?

也许吧,因为它还未完全呈现在你面前。你对它的认知取决于你知道多少。

接下来,我看一眼硬币,但仍然不给你看。现在,正面朝上的概率是多少?也许对你来说还是 50%,但对我来说是 0,因为我知道结果了,但我不会把它是反面朝上的事实说出来。这样一来,你和我对事实的可信度就是不同的了。你认为是 50%,我认为是 0。换言之,我们与事实之间的关系是主观的。我们相信什么,取决于我们脑子里的想法,而你和我的想法可能不同。除了抛硬币,这样的例子还有很多。

用"主观"这样的词来形容事实,就会有人指责你是唯心主义者,认为事实会依照人的想法而改变。那我们就干脆说清楚。如果我们都看了结果,且都清醒,并且硬币是正面朝上,那就是正面朝上。你不能说它是反面朝上的。好吧,你也可以这么说,但我无法苟同。主观性显然要受到证据的限制,它并非毫无限制的。在此例中,主观性只存在于不确定性中。即便如此,即使是面对事实,我们通常也只是持有可信度,因为证据很少是完整的,我们只能凭借已有证据来判断我们能相信什么。坦白地讲,生活中大部分引起我们关注的"发生了什么"的问题,都既有可信度,又有不确定性。

还在看吗?很好,你应该也是个贝叶斯主义者。但还没完,因为这一切都改变了你。弄清楚发生了什么,不再是对确定性的追求,不再是一劳永逸地给事件贴上非黑即白、非真即假的标签,而

对赌思维

是以某种客观的方式,更多呈现的是不确定性、有条件的折中,以及不断变幻的灰色区域——就我们目前所知。如一个聪明的家伙所说:"是一种可信度,不是绝对的。是一根来回穿梭的针而不是即开即关的开关。"这是一种非常特别的思考万事万物的方法。

当然,你也可以坚持认为,即使你对某件事没有十足的把握,你对它的了解也足够多了。但如果问题是被钉在栖木上的鹦鹉是不是死了(已故鹦鹉),那你的想法可能没错。而如果是关于大规模杀伤性武器,那你的了解还够用吗?对于不确定性,我们必须坚持现实主义。

这样,我们就能想通一些道理。其一,在说"我们知道"并跃跃欲试之前,最好先观望一下,除非我们已经校准了不确定性,并且对结果很满意。我甚至看到有的书上说,这样保留判断意见是批判性思维的精髓。其二,我们可以对自己的多疑不那么自责,对保守不那么内疚,而是接受生活本就如此,尽管这意味着要将我们的无知公之于众。

我的建议是,如果不知道,直说就是。这不是"承认"——而是事实就是如此。这并不意味着我们一味追捧不确定性,喊着"哎呀,反正没人能无所不知,干脆放弃好了,我们和猫一起窝在沙发里吧"。不确定意味着我们接受认知往往达不到100%,但往往也并非全然不知。我们可以说出灰是什么样的灰,是深灰还是浅灰,以及佐证的依据。

正如传奇统计学家大卫·斯皮格尔特所言:"在一个被坚信的声音所主导的世界里,公开承认自己的无知可能是向谦逊和可信迈出的一小步。当然,我们无法无所不知不代表我们一无所知,我们应该清楚自己知道什么,并自信地宣告我们无法确定。"

注意:我们无法确定,是"宣告"而不是"承认"。无须感到羞愧。如果你习惯了"承认"无法确定的,那就停下来,改用"宣告"。

"自信地宣告不确定性"是一个刻意的悖论(还是一个技术上的绝境?不确定)。如果说有一件事我们大概可以确定,那就是还有很多事是不确定的。聪明思维的一个老生常谈的话题,或许也是本书的最大的主题,就是学会爱上不确定性。或者,如果说"爱"太过了,那至少要与之和平共处。人们往往对不确定的东西深恶痛绝,但如果这意味着我们草率地追求毫无根据的确定性,那就不是思考,而更像是痴心妄想了。

虽然对某些人来说难以接受,但这一切都很好。但是是真的吗?宣告不确定性真的是最好的策略吗?你确定(开玩笑)?说宣告不确定性好的证据在哪里?在电影《猎杀本·拉登》中,主角确定本·拉登就在院子里。她说:"他就在那里,100%在那里。"我们总是习惯于忽略所有其他的不确定性。主角们一定知道,而到了高潮部分,自然就知道谁是主角。政党领袖们同样知道——或自认为知道——不要向选民传达"模棱两可的""左右摇摆的""不上不下

对赌思维

的"概率或百分比。

但与此相反,有几位聪明的思考者就把赌注都下在了灰色地带上——且都赢得了胜利……

> 安妮·杜克,一个扑克界响当当的名字,一位前职业扑克牌牌手,职业生涯赢得400多万美元的奖金。退役后,她撰写了《对赌》一书。建议各位读一读,这本书不仅条理清晰,而且兼具哲理性与趣味性。她说在打扑克时,她必须深思熟虑以后再下注,如果想要拔得头筹,就不能有任何幻想。
>
> "打一手牌大约需要2分钟。在这2分钟里,我可能要做出多达20个决定。每一把牌结束都有一个具体的结果:我是赢了钱还是输了钱。"
>
> 所以,如果她的想法没有奏效,她就会做出改变。她的失败清单首位是什么?是"黑白思维",又称"二元思维""二分法思维""武断思维"。在黑白思维下,世界只有两种可能性,一种是对的,一种是错的。打一把牌,如果你赢了,你就是对的。如果输了,就是错的。这对吗?不对。安妮说,打扑克教会她的是,我们身处于一片宽广的、迷雾重重的中间地带,在决策时既非黑也非白,既非

> 对也非错。最厉害的牌手和决策者都深谙此道,并据此下注或行事,他们对概率和不确定性高度敏感。
>
> 安妮说:"关于为什么要重视不确定性,以及关注不确定性为何能帮助我们成为更好的决策者,有诸多原因,其中两个便是:1.'我不确定'才是对世界更准确的描述;2.一旦我们接受了'无法确定'这一事实,我们就不太可能陷入黑白思维的陷阱……"
>
> 如果我们错误地用对和错两个极端来描述世界,中间没有灰色地带,我们就无法做出正确的选择。我们应该如何配置资源,应该做出什么样的决定,应该采取什么样的行动,这些选择都会受影响。我的秘诀就是,接受"我们身处一个无法完全确定的世界"这一事实,即使无法确定也没有关系。

安妮·杜克给我们的最大启示是避开黑白思维。别再一赢就是想对了,一输就是想错了,不要再找寻那样简单的意义,因为在关键时刻,这种思维往往会掉链子。反之,要接受任何结果都是判断和运气的结合。假如我们下了个 90∶10 的赌注,我们有九成把握,结果还是输了,那就不应自责。毕竟还有一成无法确定,实际上这就是运气不好,仅此而已。同理,无论获胜的感觉有多好,侥幸赢

对赌思维

了也不代表我们的决策水平有多高。

一个决策之所以出色,并不在于它有一个好的结果。好的决策是好的过程的产物,而好的过程则必须试图准确反映出我们自身的认知状态。而这种认知状态则正是"我不确定"的另一种表现形式。

用结果来评判一切——这种做法被职业牌手们戏谑地称作"结果至上",即忽视生活中的不确定性,假装不存在运气这回事,将侥幸成功的错误决策当作正确的,反之亦然,因而无法从经历中吸取到正确的经验。

为了能百战百胜,安妮重新定义了决策的对与错,不通过结果定义而是由决策时冷静地出牌的概率来定义。即使你的胜率是99%,也还是有1%的失败可能。即使最终落败,就你所知的,那99%也依然是最好的。

如果你觉得这听起来很荒谬,如果你的直觉是"连结果都是错的,决策怎么可能是对的?"如果你认为你嗅到了一个失败者的借口——请记住,安妮已经赢得数百万美金了,还有其他出色的牌手都是如此。她会说:"想赌一把吗?"你用你的想法,她用她的,我打赌她一定会赢你。

如她所说,我们不必再对"我不知道"和"我不确定"羞于启齿。所有的赌注和信念一样,都是好的。安妮就像一位优秀的贝叶斯主义者,虽然她从未说过这个词,她还说:"还有一个生活小技

巧,那就是学会成为一个更好的信念校准者。"这正是她的核心观点——信念校准。

我无法确定,安妮的建议,那只猫听进去了多少,毕竟我也没和它深入交谈过。如果那个爪印是一次试探,而不是盲目自信地一冲,那据我测算,它有 76% 的概率是一只贝叶斯派猫咪,它聪明地校准了自己的行为。当然,我随时准备根据更多证据来对这一结论进行修正。

所以,贝叶斯定理包含两个部分。一是这个定理是关于可信度的。二是可信度来自于经验或新的信息,并随之不断更新。但有一条底线是我们身处不确定性之中,不存在绝对确定性,只有可信度。

我说过要为这一定理提供更多佐证。下面就是第二个例子:超级预测员菲利普·泰洛克和丹·加德纳。

> 和安妮·杜克一样,超级预测员们也是赢家。他们参与众多事件的预测,他们的赛场不是牌桌,而是真实世界,他们预测的是 3 至 18 个月内"高风险"事件的发生概率。超级预测员可以打败学科专家、情报机构,甚至所有人。他们是怎么做到的?与专业牌手们极为相似,他们也都是敏锐的贝叶斯主义者。

对赌思维

> 菲利普和丹写道:"对超级预测员来说,比贝叶斯定理更重要的,是贝叶斯核心洞察力,即不断依据证据更新预测使其越来越接近真相的能力。"
>
> 其次:"永远不要停止质疑。好的判断所需要的谦逊并不是自我怀疑,并非自认为愚蠢、无知或不配,而是认知上的谦逊,是认识到现实极其复杂,我们即使能完全看清事物,也需要持久的努力,因此人们的判断必然会错漏百出。"他们还以医学史和庸医偏方的例子,说明由于鲜有人愿意去质疑庸医和偏方,以致几个世纪以来,这些不靠谱的偏方一直未被付诸实验进行检验。而超级预测员则用概率来说话,从不非此即彼,当他们谈到《猎杀本·拉登》电影里主角说本·拉登100%在里面时,都表示这样的说法欠妥。因为每当有预测员自信满满地预测成功后,现实总会给那位预测员上一课,让他在下一次预测时自信满满地谬以千里。

我非常喜欢《超级预测》这本书,要说唯一可以挑剔的,就是书名了。这个名字听上去有一点浮夸,而这正是两位作者竭力控制的。如他们所言,他们始终在认知上保持谦逊。实际上,菲利普是我遇到过的最有思想、最值得敬重的人之一,他曾开玩笑说想把书

名定为《出乎意料地、稳定地高于平均预测水平的预测员们》。这个名字其实更贴切。即使是超级预测员,也只能展望不远的未来,在一系列有限的问题上取得微小的成就。但这非同小可,因为预测往往是胡说和碰运气的代名词,所以任何一点成就都不可小觑。但"超级"呢?这点我无法苟同。出乎意料地稳定地高于平均水平呢?这一点我承认,也很乐意为他们鼓掌。不过我也能理解,毕竟出版商总是会更倾向于一些醒目的、朗朗上口的标题。

不过,如果说书名有些夸张成分的话,那这本书在其他方面则有些过于谦虚了。它的价值远远超出了预测的范畴,适用于所有包含不确定性的决策(也即几乎所有决策),以及所有对世界的现状和运行方式的分析。凡是要找到事物发生或将要发生的原因,都可以运用超级预测的理念,它们适用于一切关于因果关系的问题,无论过去、现在、还是将来。贝叶斯理论可以被应用于上述所有领域,而超级预测员则擅长权衡不同的证据,进而对各类问题做出平衡的、附加条件的、灵活的不确定的判断。

而巧的是,多次预测都证实了,预测员们的想法往往是奏效的。那些不确定的、可变的可信度赢得了胜利,安妮·杜克亦是如此。我为此起了一个毫不惹眼的标题:《通过预测,也出乎意料地一次次验证了更好地思考其他若干事物的一些技巧》。

菲利普和丹写道:

"在大众心目中,科学家创造事实,并将其雕琢成金科玉律。

对赌思维

这种事实的集合就被我们称为'科学'。在积累事实的过程中,不确定性被逐渐推翻。科学的终极目标就是彻底消除不确定性。但这是 19 世纪的科学观。20 世纪最伟大的科学成就之一,就是证实了不确定性是一种现实中不可磨灭的因素……这一点无论从科学体系的哪个方面来看,都是确定无疑的。在这一代科学家看来坚如磐石的科学事实,随着科技的不断进步,到了下一代科学家的科研成果面前,就会化为乌有。一切科学知识都是不确定的,没有什么是坚不可摧的。"

他们还引用了数学家兼统计学家威廉·拜尔斯的话:"多数人认为科学是确定无疑的……他们认为,确定性是一种没有缺点的状态,因此最理想的状态是绝对确定的。科研成果和科学理论似乎就给他们提供了这种确定性。"但他们补充道:"不确定性是真实存在的,梦想绝对的确定只是一种幻想。"

我本人是个不确定性的传道者,甚至有时还很激进。在我看来,公众辩论往往就像一场二元论闹剧,各方都对不确定性讳莫如深。这在我看来不仅不对,还是很糟糕的辩论策略。不确定的人生态度有其优点,至少(如安妮所说)它更准确,而且它能让你摆脱反复自以为是的失败的阴影。所以,你可以把这章当成是一个追捧不确定性的狂热分子的咆哮,既然各位读到了这里,那我还是得继续宣泄……

如果没有不确定性,那意见有分歧的人之间的讨论是不会有任何进展的。如果你们都固执己见,那还谈什么呢?如果没有一丝不确定性,那我们就不可能自我反思,所以你最好从一开始就百分百正确,否则就有麻烦了。不确定性意味着有待探索的领域。如果还有好奇心有待满足,如果还有真相有待探寻,如果还有实验有待进行,那不确定性就是你必须立足的基础。缺少不确定性,生活将索然无味。受不了不确定性?没问题,那就把所有电影的大结局都告诉你!想知道你终将于何时、以何种方式死去吗?现在就想知道以后每年你都将收到什么样的圣诞礼物吗?想知道这一切吗?我想象不出来比这更无聊、更不幸、更不人道的事了。

下面,我想来介绍一位逝去的贵族——米歇尔·德·蒙田,他被视为文艺复兴时期伟大的哲学家之一,不过在某些人看来,他只是一位散文家,而在朋友和评论家眼中,他则是一个摇摆不定的、总是自我怀疑的散漫之人。他的口头禅?"Que sais-je?"(我知道什么呢?)

本书没有主人公(我的书中从未有过),所以我反复思量,想再寻到一幅图来充实本书的图集。如果说有一个人能符合的话,那就是蒙田,他本人就是他全部思想的缩影,可以代表他的思想。他说:"我的这本书就是关于我自己的",他本人都觉得自己难以捉摸,他无法确定自己对一切事物的看法。

12 对赌思维

> 决定我们人生的,是两件事——我们决策的好坏和运气。分清二者的区别就是对赌思维的全部要义。
>
> ——安妮·杜克

米歇尔·德·蒙田

他的著作的名称叫作《随笔集》或《尝试》,单看书名就宣告了他的无知——他所做的,就是尝试,失败,再尝试,永远处于反复自我评价中。有时,即使在我看来,蒙田亦是太过随意了。但如果你想体验一个真正不羁的思想,蒙田绝对是不二之选。他真的做到了随时反思,在文中话锋急转,改弦更张,质疑,再质疑自我的质疑……这并不是说他不相信真理的存在,只是他看到了"大意失荆州"有多容易,他说:"除了不确定性,这世上没什么是确定的……没有什么比人更可悲、更傲慢。"

为时尚早

又一堆注意事项和反对意见。

1. 假如不是有这么多人厌恶不确定性并常常为之感到焦虑,那么谈论它就不会这么费劲了,可有谁真的愿意面对更多不确定性呢?我们能否确定,别人对确定性的渴求真的那么不堪,以至于我们有资格试图去摧毁他们的自信吗?

2. 更多麻烦是不确定性与道德信念之间存在冲突。我们应该让信念在多大程度上是可信的?我们所相信的一切都必须是不确定的吗?信念往往是我们前进的动力,具有激励作用,我们需要这种激励。奴隶制的废除者有花时间校准他们的不确定性吗?

3. 我们能确定不确定性会带来回报吗?如果能,那就有趣了。因为反例唾手可得。各位能否想出一位靠宣称自己无所不知而上位的政治家吗?也许长期来看,真相就能赶上他们的步伐,可如约翰·梅纳德·凯恩斯所言,长期来看,我们都难免一死。

4. 菲利普·泰洛克说我们有一个制胜法宝——可以做很多次微调。不过他也补充问道:"如果我们开始怀疑我们一直在缓慢微调的某个信念在根本上出了问题,又该怎么办呢?"这时,循序渐进地改变就不够了。每一个微小的新证据本

对赌思维

身可能不会有太大影响，但积累下来就可能带来转折。菲利普还举了一个例子，说有位超级预测员质疑人为造成气候变化的证据，后来他一点一点修正这一质疑，并最终意识到这种修正是不够的。这些微调的整体价值开始显现，并且比每次单独微调都更有说服力。于是他决定反思自己的质疑。关于对贝叶斯校准的批判性观点，可参阅这个例子。比特的权重开始变得有说服力，而每个比特都没有说服力。他决定重新设置。关于贝叶斯最新的批判性观点，请参阅哈索克·张所著的《现实主义者的现实主义》。

5. 对凡事都从正反两方面来看的人，有人讽刺其为："我的最终决定就是不决定。"从另一方面来说，你以为安妮·杜克就不做决定吗？她在2分钟的时间内要做20个决定。认为不确定性会阻碍决策，这种说法是错误的，但是它的确会增加决策难度，而且也无法迎合大众。

小试牛刀

我们是否太过厌恶不确定性,以至于总想解决它呢?有人说,人脑无法同时看到两个不同的视角。举个直观的例子吧,有一张图就常被用来说明我们厌恶不确定性或模糊性。看看你能否在不确定的情况下,同时既看见老妇又看见少妇。

但是,难以同时看见两个视角是什么意思呢?是否真的表示大脑厌恶不确定性?专家对此并不认同,其实,甚至连我们对无法确定的图像的反应都是不确定的。

大众比较能接受的一点是每种视角似乎都是正确的,直到其发生变化。还是说没有绝对确定的,不确定性才是王道?于我而言,正是这样的。可要作为一条可信的准则被接受,就……

或试着这样想,假如在你熟悉的领域里,比如你是一位老师,试问那些教学大师们是如何灌输他们的黑白思维的?他们是否坚持认为只有一种方法是对的,那就是他们的方法?这门学科知识真的那么确信无疑吗?

12 对赌思维

老妇？少妇？都是？都不是？
《我的妻子与岳母》

科学的目的，不是为无穷的智慧打开大门，而是在无穷的谬误前面划一条界线。

——贝托尔特·布莱希特

术语

- 整合复杂性:类似于同时看到两个人像——即能将蜻蜓复眼所看到的全部视角都综合起来。

下面借由一个流传了 50 多年的故事——人类认为遗传学知识将使我们能够改造人类,来发散你的贝叶斯思维。也许你认为这已经实现了。也许你认为这 50 年来一直都只是炒作罢了。也许你还毫无头绪——为你意识到自己的局限性加分。结合史料,试着校准你对于实现目标的信心以及你对于目标无法实现的质疑。然后为下一张牌的牌面设置一些概率。如果能够奏效,就学着像安妮·杜克那样,随着新牌的出现来校准信念。注意,这里没有正确答案,至少目前还没有。

对赌思维

1971

1981

1994

2011

2012

2015

2015

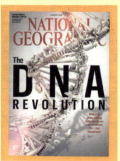
2016

?

坚持还是反转——创意源自塞西尔·詹森

相信我

2014年7月7日《太阳报》头版。

13 勿轻信
寻找可信度

THINKING IN PICTURES

<big>我</big>承认,只需一点聪明才智,我们就能有长足进步,哪怕我们不确定究竟该用哪一点,我也对此深信不疑。但这还有一个大前提,那就是正确评估科技、心理学、经济学、医学、卫生健康领域的所有主张。世界上所有的聪明思维都会反复遇上一个老问题,即要搞清楚我们所掌握的以及真相究竟是什么,就必须先判断研究发现的优缺点。

也就是说,我们谈论的,是科研方法的优缺点。我们之前虽已意识到这个问题,但一直搁置,现在是时候来面对了。

坏消息是,要详细了解科研方法,以分辨科研成果的好坏,以权衡原始证据的意义和价值,仅凭聪明思维往往不够。伪科学披着严谨和智慧的外衣,与真科学惊人地相似。要区分二者,往往需要高端的专业知识——非常高端的专业知识,而残酷的事实是,这类

勿轻信

专业知识大多超出我们的能力范畴，如果你也是凡人，那对你亦然。

当我初涉这个领域时，最令我不安的是我轻易就获得了"专家"的头衔——这感觉不错，但这并非事实。对于真正的专业知识，我只能算是略知皮毛罢了。许多著书探讨聪明思维的作者也是如此。更糟的是，许多科学家也并非在所有领域都具备过硬的专业知识。有些知名教授所发表的关于新冠疫情的言论真是令人哭笑不得。他们认为自己比该领域的专家懂得更多（实际不然），但实际上，科学研究需要遵循严格的准则。甚至连我都能发现，有些人在逆流而上、无桨行舟。

> 只要去查一下诊断和预测新冠疫情的模型，就能知道所谓的智能表现得有多糟糕，也就能知道如何识别这些的技巧。这些模型听起来复杂，但基本上所要完成的任务都很简单，那就是找出哪种症状或病人特征与新冠疫情是有关联性的，从而就知道该注意什么，要关注哪些人。这些模型通常看起来很智慧，可能还会运用人工智能，也可能是基于大量数据的，还有可能在高端杂志上刊登过。
>
> 但是，随着这类模型的涌现，一个由荷兰学者（预测模型方面真正的专家们）组成的团队开始对这些模型进行评估。下面这些话，是我对他们反复审查模型质量的一个

> 概述：这类模型数量庞大，新的模型层出不穷，却没有吸收其他现有模型的教训。几乎所有的模型都很糟糕，预测结果可疑，偏离真相的风险很高，报告质量差，而且基本都不可靠。可这些模型研究者们却都声称自己的模型适用于所有新冠患者。这可既是学术上的一场华丽表演，又是一场恐怖秀啊。这是一群有点聪明又不够聪明并且还没意识到这一点的人，就像我们大多数人一样。

要知道这一点相对容易，但一直记住却不易，还可能会带来不好的结果。同样，我们也很容易误判事物的难度，当我们甚至还在蹒跚学步时，就自认为是专家了。有许多专家自己都还在摸索阶段时，却说出"我们必须相信专家（指他们自己）"这样的话。而许多业余探索家们却通过调查，纷纷掉入了兔子洞[○]。为了对真相刨根问底，我们可能既需要了解专业的专家，也需要其他懂得研究方法论和解释统计数据的人。这其中有许多都是深奥、未知的知识领域，我非常敬重那些能把这些工作做好的专业人士。但回到残酷的现实中来，这些我做不到，大多数人都做不到。那我们该怎么办呢？

○ 兔子洞：是一种隐喻，指代"进入未知世界探索"，出自《爱丽丝梦游仙境》。——译者注

勿轻信

可以选择：

1. 尽管我的能力有限，但我仍认为自己有资格成为科研英雄，也许就像匈牙利科学家伊格纳茨·塞梅尔维斯一样。19世纪时，医院出现了大量产妇死亡的病例（产妇感染致死的情况非常普遍），塞梅尔维斯就产妇死亡原因与医疗机构不断抗争。可以说，塞梅尔维斯是提倡消毒的真正先驱，当全世界都错了，他几乎是孤军奋战的唯一对的人（嗯，算是吧）。

还是说，那只是一次最令人崩溃的自欺欺人的行为？毕竟自塞梅尔维斯之后，科学一直在进步，要证明别人都是错的，只有自己是对的，就更难了。

2. 我可以像几乎所有人一样，无视皇家学会的名言——永远不要相信别人的话，选择去相信别人的话。

比方说，我不愿做那种公民科学家，懒得亲自去牛顿的《数学原理》中找错误，于是我选择向他人求助。

那么新的问题又出现了。他人是谁？为什么？

那些自诩像塞梅尔维斯的挑战常规的英雄？还是知道别人不知道的知识的那些人？抑或是像巴里·马歇尔和罗宾·沃伦那样的人物，发现了溃疡是由细菌引起且极易治疗，但却不得不抗争了几十年才最终说服了医学界？

还是说，我们应该听那些医疗机构的专家的话，要顺应常规，保持共识？

每个真正的塞梅尔维斯身旁，都有一千个想成为塞梅尔维斯但却大错特错的人。除此之外，还有丑闻，还有阴谋，精英和专家的确会犯错，有时孤独的先驱也会改变世界。

还有个现成的典型例子，各位可以去自行检索卡塔琳·考里科的生活与研究，美国辉瑞与莫德纳公司研发的新冠疫苗，是在合成信使核糖核酸的基础上研发而成，而其背后的科学家正是卡塔琳，人们曾认为她的研究毫无希望，以至于她根本得不到任何资助，她曾说："每晚我都在工作，满脑子都是'资助，资助，资助'，可每天早晨又都是'不，不，不'。"最终，疫苗在成千上万个人的努力下成功问世，但卡塔琳的工作却往往是在无人问津的角落独自完成的。

选择信任专家或专家共识，就会错过一位"塞梅尔维斯"。选择信任一位自比为塞梅尔维斯的独行侠，就可能成为戴着锡箔帽⊖坐在山顶上的人。

以上是两种极端情况，而在日常情况下，要做出选择也并不容易。即使是德高望重的专家们之间，也会存在无数的分歧，而有些分歧却恰恰是最严重的。我们这些外行该如何判断呢？当他们都满口术语，且都自信满满时，我们又该相信谁呢？

⊖ 锡箔帽："Tinfoil Hat"，佩戴锡箔帽的人相信这能够帮助他们免受脑控、电磁场、读心术和精神控制的影响。所以国外常用戴锡箔帽的人来指代阴谋论者。——译者注

勿轻信

我们会倾向于相信自己信任的人。那我们信任谁呢?与我们有相同的政治立场、价值观或先验信念的人——志同道合的人。

但是,这会令你走上确认偏误的歧途。我的建议是,在各种相互矛盾的声音中,不要选择你信任的。而要采用一位精神矍铄的八旬老哲学家——女男爵奥诺拉·奥尼尔的原则。她说:"我们要的不是信任,而是可信度。"

区别何在?可信度不关乎他们的身份、他们的种族或他们的答案,只关乎他们如何通过自己的行动来展示自己值得被信任。注意了,这个观点举足轻重。

以下是我辨别可信度的方法。我结合了从书本上学来的知识,多年失败总结再失败的经验教训,从温顿中心和英国广播公司《或多或少》节目的同仁那里取的经,还有从奥诺拉这样的智者那里收获的建议和做法。但请注意,没有什么是完美的。他们的想法可以用来帮助我们衡量科学证据,但也可以衡量几乎所有宣称是真理的言论。

1. 先从极端情况开始——质疑外行英雄。这种情况在电影中很常见,现实生活中却少之又少。那些想当超级英雄的人,对于他们言论的正确性我是持高度怀疑的。不是不可能,只是可能性很小。而且我的判断与他们的行为也有很大关系。如果他们津津乐道于自己外行人的身份,爱自我推销或是标榜自己"特立独行",我就会开始怀疑他们的目的性。极少数近乎可信之人（确实有一些）必须要有很优秀的方法论才能打动我，让我觉得他们有一丝可信度。如果他们告诉我他们在与邪恶做斗争，我的质疑就会接近上限。

问题在于，他们的表现与我们对塞梅尔维斯这类人物的描述相去不远。塞梅尔维斯控诉医院大规模"残害"产妇。塞梅尔维斯是对的。即使在今天，其他异议者也同样是激愤且正确的。即便如此，我依然坚持反超级英雄的立场，以对其仅持1%的可信度作为出发点。我曾听人这样说过，科学精英常常会犯错，而反科学精英往往错得更离谱。因为尽管主流观点并非总是可信的，但若因此就认为想成为超级英雄的特立独行者可以信任，那就太疯狂了。

所以我坚持己见，几乎反对所有想让你知道他们无所不知，而其他人都是傻瓜的人。塞梅尔维斯在生命中的大部分时间里，都对自己和自己的失败深恶痛绝，其从未觉得自己是英雄，当然也从未觉得别人是英雄。卡塔琳·考里科潜心研究信使核糖核酸，她并非特立独行，却常常孤身奋战，在体制内默默耕耘，拿着大学里微薄的薪水。她并没有自诩为英雄，只是潜心钻研。有些人越是扮演救世主的角色，越是不接受不同意见，越是一边表现出满腹经纶、无所不知的自信，一边对问题不屑一顾，越是表现得像个大师，我

勿轻信

就越反感。这种自信是不可信的,无论他是谁。这是我得到的第一点启发。

2022年,一个自封为数据警察的公益团体披露了一份当时流传的文件——用一种抗寄生虫药伊维菌素治疗新冠肺炎的科研报告。也许有一天,我们会发现伊维菌素确实在防治新冠病毒方面有些许疗效,但我对此表示怀疑。因为早期鼓吹伊维菌素的研究报告水平都很差,有些很可能是伪造的。但是这引起了一群"义务警员"的注意,他们通过认真地分析,"授予"了这项"研究"应得的羞辱。我为什么会相信这群外行呢?

有几个简单的原因。

第一,他们是方法论方面的专家,他们显然在这方面涉猎很深,而且最重要的是(如前文所述)研究结果的水平高低——也即我们一开始所说的"可信度"。

第二,他们并未参与任何与新冠疫情有关的"氪金"活动,这一点也能消除我的顾虑。他们不销售任何竞争性药物、注射剂或其他与新冠疫情相关的用品,而且他们的研究都是义务劳动。

第三,我对他们的研究履历略有耳闻,他们在多项研究中都得到了认可。如果我让他们去检测一项研究,我完全不知道他们会作何评价。他们会披露警告气候变化的糟糕研究，也会揭露错误的气候怀疑论，他们每次都会将研究可信度置于个人好恶之上。所以对于这种工作，他们似乎是值得信赖的。

第四，我认为凭我的所学所知，能够理解他们的意思，且在我看来，他们的观点是合理的——比如，有些研究所宣称的伊维菌素的功效就被过分夸大了。

第五，有关新冠病毒的劣质研究比比皆是，所以即便他们发现了一些问题，我也并不惊讶，尤其是在一些政客为之惊叹的研究里。

第六，他们不认为自己在拯救世界。总的来说，要揭露那些已发表的糟糕的研究结果，任重而道远，他们只会感到疲惫和绝望。

即便如此，这还只是我的一个判断。那下一步呢？就是关注更大规模的、更优质的有关伊维菌素的研究，然后随时调整我的判断。随着后续证据的涌入，这些数据警察的观点得到了进一步强有力的证实。

2. 如果我能通过验证研究方法、假设前提、数据来源等，自行提高辨别可信度的能力，我会尽力一试，但同时也会注

勿轻信

意自己的局限性。

在这之后,情况就变得复杂了。一方面,我已经竭尽所能,另一方面,也没有像有救世主情怀的"假专家"这样明显的线索可以让我排除。我们现在已经是主流派了。但在公认的专家之间,仍然存在很大分歧。更糟糕的是,即使是一些自封的研究质量仲裁员也不可靠,他们宣扬的一些验证可信度的规则也是可疑的。所以对于那些仅宣称追求真理和准确性的人,我们不能受其引导。即使是刊登在期刊上的内容,也未必就是严谨的。

这是这个问题里风险最大的部分。所有的观点可能都是可信的,也可能都是错的。有些可能是糟粕,很多实际上就是糟粕。所以问题又回到了我该相信谁?我怎样才能区分主流观点中的那些分歧?

3. 还是寻找可信度,也就是说,我之所以信任某人,并不一定是因为他们的观点,而是他们的行为和研究价值。比如,我更敬重那些重视不确定性的人。于我而言,这是一个人的言论是否可信的一大检验标准。当某人在讲话、论文或文章中,对证据的优劣、局限性和不确定性,表现出真诚的关注,而不仅仅只在最后一段总结陈词时浓墨重彩,我就会更信任他。这表明他们有兴趣找出事实真相,而不是只想推销他们喜欢的结论。当我看到对不确定性的诚挚的尊重时，我就看到了像安妮·杜克和菲利普·泰洛克笔下的超级预测员这样的人，他们懂得如何对已经掌握的知识进行校准。那些抽离了自身好恶以校准世界的专家，是这个测试的首要候选人。

"哦，是吗？"那么那些利用不确定性来达到自己不正当目的的无赖呢？比如，为了卖出更多的香烟，明知香烟对健康的危害几乎是板上钉钉的，但还是要大肆渲染哪怕一点点的不确定性——就像那些质疑吸烟与癌症关系的最无耻的商人那样，抓住任何一点不确定性来大做文章。不确定性就不能成为不可信的标志吗？尊重不确定性意味着既不攻击它，也不利用它，或声称不确定性使一切都归于无效，意味着我们也无须为它的存在而自责。尊重不确定性还意味着要清楚地阐明它的存在，要明确不确定性存在于一个问题的方方面面。比如气候变化的程度越不确定，那么天气预报不准确的可能性就越大。如果你认为它是不确定的，所以"我认为……"，那么你的不确定就是有问题的。不要对不确定性感到紧张，不要回避它，坚持相信它，从所有人做起。你们是否注意到，特立独行的人可曾质疑过自己的观点？阴谋论者呢？据我观察，从未有过。真正的科学勇于挑战自我，而伪科学则不然。气候怀疑论者喜欢质疑，这不假，但他们质疑过自己的立场吗？在我看来，那些勇

勿轻信

于阐述自己观点中的不确定性,又不攻击他人观点的人,更像是可信之人。这是我最重要的一条经验之谈了。

4. 同样,你还可以问问自己,他们的严谨是否是有选择性的,他们的证据是否全部偏向一方。我还有一个重要的验证方法,就是看看他们如何权衡所有的证据,既包括支持他们的,也包括反对他们的。证据的整体性如何(哪怕只是简要说明)?如果有机会,可以按照我很尊敬的一位统计学家安德鲁·格尔曼的建议,向你的信息来源提问:"谁会质疑你的发现?你能联想到谁。不是他们不喜欢或不信任的人,而是他们信任但不认同他们观点的人。任何一位真正的科学家身边,一定会有这样一个人。"

5. 接下来是另一个问题,这家伙告诉我,是为了给我提供信息,还是为了说服我?这个问题问得不多,但我很喜欢。"告知"就像是天气预报,尽他们所能告诉我们情况如何,充满不确定性,没有确定的实际意义。"说服"呢?就是在他们认为必要的时候,给我们留下深刻印象,从提供理由充分的论证到销售二手车,而且我们还能看出端倪。

为防止歧义,以下是字典里的解释:

- 告知:提供事实或信息。
- 说服:通过推理、证据或论证,诱导他人去做某事或相信某种观点。

这种区分其实还不够充分。纯粹的、中立的、不带一丝劝说性质的告知,是很难做到的。甚至连呈现证据的顺序,都会使天平倾斜。实际上,我们所获知的大部分信息都同时包含这两种成分。其中一种是对的,另一种是不对的。当然,如果剧院着火,那劝说我们尽快撤离也是非常正确的。

虽不充分,但也能奏效,因为我能根据信息在"从告知到说服"这条线上的位置,校准我的信念。一般来说,说服的成分越多,我的质疑就越多。这源于一种信念——这是纯粹的吗?意思是优质的信息不需要强行推销,那些人卖力吆喝的,往往都是不那么严谨的答案。

当然,这并不意味着我会即刻接受或拒绝他们的证据。但当我感觉到他们在美化证据时,我给他们的打分就会降低。他们越是往上凑,我就越往后退。炒作令我焦虑。如果某些试图劝说我的人,打着"只是告诉你事实"的旗号,实际上所做的却远不止如此时,我对他们的好感就会被败光,他们在我这里就可有的苦吃了。相反,如果他们似乎真的只是在试图告诉我真相,又没有指指点点,这一点就足以令我感到欣慰了。虽说还没有定论,但这一点就很加分。只要证据能准确地呈现,我认为我是有能力分辨证据的警

勿轻信

示性的。但总的来说,如果你想表现出可信度,就不要干涉我的判断。

所以,"告知"未必就是真相,"说服"也未必就是谎言,但我们可以借此对可信度做初步筛选。

> 我不了解伊拉克战争。我认为这可能是一场本可以避免的灾难,这场灾难也摧毁了西方的道德权威。但就现有情况来看,坚持宣战还是有可疑之处的。时任英国首相的托尼·布莱尔曾宣称他没有任何质疑,并极力宣扬开战。他说伊拉克已经持有或铁了心要拥有大规模杀伤性武器(WMD),除此之外的其他说法都是荒谬的(错,我们后来知道真相了)。因此,这个男人是按照自己所看到的真实情况来决定发动战争的,就这一点而言,他是可信任的。但他的行为可信吗?
>
> 在战争前夕,英国政府曾要求联合情报委员会评估大规模杀伤性武器的威胁。随后的调查显示:"政府想要的,是一份能作为其政策宣传依据的文件。"联合情报委员会试图交出一份客观的评估报告。最后的成稿却是兼顾了这两方面,媒体称其措辞被"渲染""强化"了。总之,目的就是为了使其更有说服力。这份报告就是后来的"狡猾档案"。
>
> 如果你相信这个说法,那么联合情报委员会则更像是

天气预报员,而政府则在极力推销。有些人满不在乎,他们就是相信战争。我认为如果情况属实,根本没必要渲染,但我怀疑他们其实害怕承认大规模杀伤性武器存在的不确定性程度(他们的情报来源并非完全可靠,但他们不会承认)。通过有意无意地隐瞒这种不确定性,政府希望能更有说服力。可相反,此举却是主动降低了政府的信誉。

抱歉,布莱尔,我准备就以你这张大头照,来代表寻求信任和值得信任之间的区别。你说你真正相信的才是最重要的。而我却认为你使用的方法才是更好的衡量标准。可能会令你略感安慰的是,许多政客都和你一样:他们想要得到信任,却又不敢做可信之事。"提不确定性,你在开玩笑吧?我会完蛋的!"他们真应该读读本书。

目睹了你的所作所为之后,我无法相信你说的话

——蒂娜·特纳

勿轻信

人们的行为动机是多样的,有时是为了钱,有时是因为懒。此外,还可能是出于自尊、公共利益、野心、良知、责任、恐惧、爱、虚荣、义务、愧疚、名誉、权力等,也可能兼而有之。有时我们一眼就能看出人们的动机,但有时太过复杂,难以判断究竟是出于哪一种。相比之下,识别是否有"劝说"成分,虽不能完全决定,但却是一种更简单实用的测试方法。

如今,科学论文按照惯例,就只是公布实验或研究结果,仅此而已。但正如加雷斯·冷和罗迪奥佛·冷在《事实》一书中所说:实际上,所有科学家的工作,都是在说服其他科学家相信自己观点的重要性,他们通过将推理与修辞相结合来实现这一点。通常,他们寻找的是支持自己观点的证据,而不是可能与之相悖的。他们展示证据的方式,会令证据看上去更能佐证他们的观点。当然,他们都会忽略难以接受的证据。

牢记"告知和说服"规则,就能更容易地发现他们的公关手段是否得当。有时,即使我们没有足够的专业知识来衡量证据本身,但他们耍的那些文字游戏还是很容易被识破的。一些他们正在说服你的暗示包括:标榜为简单实用的信息,号召某项行动,过于依赖叙事,就某个争议性问题列举了一大堆证据,而所有证据都偏向某一个结论

（如果你没有看到支持各方的不同证据，那你看到的就是广告），由微弱的关联性推导出的因果关系等。试着对微妙的和强烈的修辞渲染保持敏感。

我们担心的部分原因是那些最热衷于说服我们、说服出版商、说服政治家或未来的雇主的人，可能同样热衷于说服他们自己，因为他们知道自己想要的答案。

太多科研论文的成果无法复制，太多科研论文中包含了所谓的科研不当行为（questionable research practice，简称QRP）。虽然从某种意义上来说，失败不是坏事，且时有发生，但你必须要知道，这种失败有多少是由于善意的推理动机和想要说服他人的欲望而造成的。

6. 他们讨论过自己证据的质量吗？有人声称每天吃18个橘子治好了他父亲的痴呆症，这一传闻曾引起热议，但这一证据毫无质量可言。那些真正尝试评估自己证据质量的研究是可以加分的，而只会说"这改变了一切"的研究则应该被扣分。

7. 可信度是有界限的。在牙科方面，我相信我的牙医，但他所做的有关新冠疫情的研究则未必可信。我至少需要有一些证明其相关能力的证据。一个物理学教授去研究新冠疫情，本身并不是什么令人钦佩的事，他的主要贡献是有时

勿轻信

能从不同科学角度提供点新思路。那我提到的那些"义务警员"呢？我相信他们的研究方法。而在音乐品味上，有一个手拿牙刷当指挥棒的人，是我绝对不会相信的。

8. 还有一些可信或不可信的其他标志，新证据是否似乎总能证实他们所说的一切？如果是，他们是否对证据进行过评估？他们是否坦率地承认错误，还是从来就不犯错，或是将错误都归咎于他人？他们是否尽可能地免费提供数据？他们的证据形式是我可以使用的吗？他们是否告诉过我证据的来源？总的来说，他们是否向我展示了他们的工作过程和方式，承诺使用正确的方法，并予以介绍？他们是否愿意相信我的信息，还是他们要筛选出"正确的信息"？他们是否热衷于依据自己的研究成果倡导重大变革，是否继续宣扬其变革的重大影响？他们声称自己了解某个小微领域或是某个重大领域？

这些是我注意到的若干方面。并非详尽无遗，且极易出错，但对初步辨识可信度高低还是很有用的。相较之下，这里还有一些其他极具迷惑性的线索，这些线索实际上并不能有效辨识可信度。

他们是共和党／民主党／工党／保守党／自由民主党／苏格兰国民党／绿党；他们是外行／激进分子／名流／权威；他们是商界

精英 / 学术大拿；他们就职于慈善机构 / 智囊团 / 政府部门 / 数据部门；他们是心理学家 / 经济学家 / 科学家 / 历史学家；他们看起来自信 / 笃定 / 稳重 / 像是干大事的人 / 富有 / 在科学杂志上发表过文章 / 长相俊美 / 风度翩翩 / 直言不讳 / 精力充沛 / 有独到见解 / 勇敢 / 大胆……

这些都是让人上电视或其观点被转发的原因。这些都是我们会注意到并且可能会产生信任的标签，信任的具体程度取决于我们的立场。再次声明，不要找你信任的人，而是去寻找可信度。

聪明思维有时会为我们指明一条通往真相的捷径。但更可能的情况是，真相是复杂的、不确定的，所以我们急需其他帮助。要想走得更远，可能需要高水平的专业知识，但有时即便具备这样的专业知识，也可能会犯下令人发指的错误。一开始我就说过，聪明思维的第一步，就是从审视自我开始，至于他人所犯的错误可以先放一放。然而，此刻的我们更想知道如何才能分辨出那些专家们的不同意见，结果这似乎超出了聪明思维的范畴，我们无法用它来评估专家们的言论。但它并非无用，它所能做的，就是帮助我们判断他们是怎么说的。

也就是说，聪明思维的最后一道防线是帮我们找出那些没有遵循聪明思维基本建议的人，比如尊重不确定性，尽量公平地权衡各方证据，强调自己观点中的不足之处，挑战自己的假设等。从根本上来说，就是那些不按常理出牌的人。如果聪明思维的行为适合我

勿轻信

们，那就也适合他们。这也许无法告诉我们谁是绝对正确的，但有时它能帮助我们排除一两个可疑的声音。如果他们没有这些值得信任的标志，那无论他们推销的是什么，吆喝得多大声，我都会不屑一顾，我会转投别处。

为时尚早

1. 从某种程度上来说，可信度很可能被钻空子。人们可以假装助人，假装开朗，假装反思，假装公平，假装尊重不确定性，同时疯狂作弊。虽然最终我们往往能看穿他们，但中间的过程太过漫长。在真相到来之前，层层的欺骗会让我们难以确定自己看到的是什么。

2. 与此同时，诚实讲理之人也可能会触犯反对说服的规则。他们想要说服别人的欲望可能是无辜的，甚至是出于好意的。"我的发现太重要，事关紧急，全世界必须立即行动起来！"我们该因此而怀疑他们吗？不一定。说服也有说服的道理。但研究界或政坛是说服别人的最佳场合吗？在政治上，说服他人是不可避免的。在英国，政府想做的每件事几乎都需要民众投票，否则就无权去做，而这就意味着要竞选，要说服他人。

但除此之外，无论多难，我们还是需要留一片净土，坚持宝贵的理想。科研领域就常常被认为应该是这片净土，原因很简单，因为这有助于维持一个国家的可信度。如果我们怀疑连研究人员都不能中立地对待证据（尽管这很难），那我们还有什么理由去相信他们的研究结果或方法呢？如果他们认为自己没有任何义务保持客观中立，那我想知道他们觉得我们纳税供他们做科研是为什么呢。是虔诚还是天真？在这个问题上，我愿意两者兼得。

3. 即使你决定只相信可信的，你也可能有不止一个候选人，不止一个备选答案，那你该怎么办呢？也就是说，可信的也可能出错。谁也无法保证。你所能做的，就是下注，然后风险自担。

4. 无论这本书里有多少警告、反驳和"为时尚早"，它其实也在试图说服你，让你知道聪明思维比它看上去要深奥得多。你是否应该因这本书也带有说服成分，从而也否定它呢？这一切是否就是个骗局？

所有介绍聪明思维的书都在试图说服读者。你有被施压的感觉吗？作者是否会为了卖书而夸大其观点的价值？也许你不知道他们真正的动机，可一旦发现自己被劝说，你就能感觉得到。请记住这个事实。它对内容的影响有多大？相应地调整你的反应，保持好奇，保持质疑——也包括对我。

勿轻信

要"叛逆"。想要说服别人的人,通常会使用选择性的信息、精心挑选的数据或其他花招来转移我们的注意力。这有时被称为"架构"。所以我们要时不时地探究证据,拒绝被他们牵着鼻子走,这不是没有道理的。

要明确你要看的方向,然后再看向别处,要保留决定哪些是相关证据的权利。你要有权决定是否乐意看向别人给你指的方向,决定哪些是重要证据等。

气候变化是事实,是我们造成的,形势不容乐观。英国《卫报》报道,气候变化将导致因夏季高温而死亡的人数上升。根据其引用的研究来看,确实如此。但即使就其所引述的狭义范围来看(即因温度变化而导致的死亡),这也仅仅只是摆出了其中一个方面的证据。那么在这个因高温致死的故事中,剔除了什么内容呢(这是一个线索)?在一个关于高温致死的故事中,我们怎么会想到低温或挽救生命呢?也许正是因为我们"叛逆"。

这个故事只反映了事实的一方面,即可能因单纯关注高温致死的人,而忽略了因温度升高而免于被冻死的人。这篇报道没有说谎,但如果你认为这就够了,那就大错特错了。至少按照《卫报》的消息来源以及他们没有报道的内容来看,总体状

况是免于被冻死的人数多于因高温致死的人数。这就是我说要"叛逆"的意思。他们说高温，你就问低温。他们看到逝去的生命，你就问被挽救的生命。（注意：这仅是英国的情况，根据这项研究，其他地方情况并非如此，而且这只是气候变化整体影响的一个方面。）

同样，如果他们谈城市，你就想农村。他们聊老人，你就问年轻人。他们说这一切就是一场老年人与年轻人之间的斗争，你就问这是不是穷人与富人之间的斗争。他们谈过去5年的变化，你就问过去十年的情况。他们聊成功的案例，你就要想失败的例子。他们从数学的角度来分析，你就要从社会、道德、情感等角度来思考。他们用大数据来打动你，你就要寻找个例。他们给你讲人生故事，你就要寻找数据。他们谈理论，你就要讲实践。坚持一段时间后，你就会形成条件反射。它也许无法给你提供新的信息，但"叛逆"万岁！

我们无法总能像基利安·邰蒂那样，看到别人的不足，但我们都可以通过一些叛逆思维的练习，来避免被操纵或禁锢。这种叛逆是有价值的，它不同于唱反调或换话题，而是让你坚持成为一只蜻蜓的权利。

勿轻信

术语

- 可得、可用、可评：这三个其实并非术语，而是奥诺拉·奥尼尔关于可信证据的 3 条准则。你能否得到证据和数据，从而不用仅依赖他人的结论？你是否有足够清晰的信息来评估它的质量和可靠性？它的形式能让你实际使用吗？如果它不符合这些条件，你能相信它吗？

信念是有待检验的假设,而不是需要守护的宝藏。

——菲利普·泰特洛克和丹·加德纳

14 换个新态度
开动你的好奇心

THINKING IN PICTURES

朱莉娅·加莱夫在《侦察兵思维》一书中介绍了两种思维模式：

1. 士兵：防御性和进攻性，或两者兼而有之，但基本上，士兵有非常强的地盘意识。思考是一场战斗，证据要么是盟友，要么是威胁。你是战斗中的一方，要么赢，要么输。
2. 侦察兵：好奇和探究，侦察兵则会侦查领地，而不是防御或征服，最重要的，是带回一张精准的地图。朱莉娅将这种思维模式定义为："想要看到事物的本来面目，而不是你所希望的样子。"思考就是探索发现。

猜猜她推荐哪一种？（顺便说一句，我想她指的是陆军侦察兵而不是童子军。不过就图片而言，我肯定还是选形象最阳光的

换个新态度

那种。)

在我读过的所有关于聪明思维的书中,没有一本说养成聪明思维的目标是要去示威斗狠。朱莉娅始终希望我们培养一种积极的思维方式,将真相和真诚的好奇放在首位,至于斗狠,也就是踢踢轮胎罢了。

她的论证很充分,理由有二:

1. 为了让你感到更自在(减少身处战区的压力感)。
2. 可以有所收获(无论你想达到什么目标,知道真相总好过被欺骗)。被好奇心和真理所驱动的人能比别人看得更清楚。

她这一观点的独特之处,在于认为如果你把聪明思维当作一套用于解决技术问题的技能,那它就无法奏效。聪明思维的作用不在于此。正如科学复制的一连串事件所反映的那样,技能很容易被滥用。以前,朱莉娅经常挂在嘴边的,也许你能从其他最早倡导聪明思维的人那里听到的一句是:"我终于接受了一个事实,知道怎么推理并非我以为的万灵药。"

但是,如果知道如何推理,了解聪明思维的原理、规则和观点,仍不能帮助我们解决一切问题,那要怎样才能做到呢?

于朱莉娅而言,绝对不可或缺的底线,就是态度。你一定要渴望知道真相。从这个意义上来说，好的推理需要动机，但必是寻找真理的动机，无论真理站在哪一边。

同样对于蒂姆·哈福德来说，态度与好奇心，也是他在《拼凑真相：认清纷繁世界的十大数据法则》一书中所说的黄金法则。好奇心和朱莉娅的侦察兵思维如出一辙。两者都是真正地想知道真相，没有任何小心思，没有确认偏误，没有隐瞒欺骗，如我们所见，就是简单地、单纯地想弄清事实。好消息是，我们所有人都有好奇心。这可以使我们更少受集体思想的影响，有助于产生优质证据，而且好奇心是可以培养的。那不好的是什么呢（尽管奇怪的是，好奇心并不总是被视为一种美德）？

有一个诱人的论点，我也时常被蛊惑。但在我们相信全新的态度会令我们更聪明开朗之前，还有一些障碍，先从你们偶尔会在谈论聪明思维时听到的几个词说起，但我会从不同的角度来阐释。

1. **痛苦**：1910年，约翰·杜威认为思考是一种困惑、犹豫、怀疑的状态。这听上去一点都不快乐，不仅如此，反省思维或多或少还会有些麻烦，因为它包括愿意忍受精神上的不安和干扰。简而言之，反省思维是在进一步探究中暂停的判断，而这种悬而未决的感觉可能会有些痛苦。保持质疑，进行系统而持久的探究——这些都是思考的基本要素。如果感觉不到痛苦，那你真的做对了吗？

2. **失败**：我们都会时不时地犯错。如果不承认这一点，不从中吸取教训，我们就将止步不前。骄傲自负是接受错误或失败的巨大障碍之一（参见确认偏误、己方偏误、自我辩解等）。如果你是那种不允许自己犯错的人，那你就得对自己撒很多谎。所以好的推理，往往需要抽离自我，接受更多的失败。如果你想通过学习聪明思维来获得成功，那过程一定很艰辛。

3. **愚蠢**：微生物学家马丁·舒尔茨说："如果你不觉得自己愚蠢，那意味着你没有真正尽力去感受。"当你在仔细选择愚蠢时，这是有选择性的愚蠢，明智的愚蠢意味着有选择性的愚蠢，即认识到我们有哪些需要学习的地方。这可能令你感觉不太好，但这比毫无建设性的愚蠢或一味强化自认为已知的知识要好得多。

4. **挫折**：道理同3。布莱恩·克里斯蒂安和汤姆·格里菲斯在《生活算法》一书中提出，世事难解，所以如果你的答案来得轻而易举，那你可能有所遗漏。要想到经验主义是需要时间的，要想到实验会因为未知因素而出错，要想到会有许多调整，要想到生活会在事后给你上痛苦的一课。

5. **无聊**：卡尔·伯格斯特罗姆曾写过一本关于聪明思维的书，名为《拆穿数据胡扯》，书中反映了这样一个问题，那些验证你的奇思妙想最后却证实想法无效的研究，会令人失

望，以至于没人想知道它们，或如卡尔所说："我试过了 X，但它没用，太无聊了。"从这往下，一大堆不好的想法随之而来。因为这些无效的结果很无聊，所以我们就把它们过滤掉，或者干脆闭口不谈。谁在乎一个什么都没发现的发现啊？这会使我们对知识状态的整体认知产生偏差。如果我们只关注新鲜的、流行的、令人兴奋的，而忽略普通的、乏味的、失望的，我们就只能看到一半的证据，而且是一点都不均衡的那一半。但请注意：真相与兴奋无关。所以，请正确思考，全面听取证据，敢于忍受无聊。

6. **辱骂**：你还会担心别人对你的看法，当你开始分享你的错误、失败、疑虑、反思等时，他们可能会直言不讳地指摘你。所以做好挨骂的准备。要忍受这个可不容易——尤其是如果你还指望能展现自己的聪明才智。对批评的恐惧会使我们所有人都墨守成规，甚至成为强制他人遵守规范的执行者。这些都会限制思考。要反抗，就必须要么有勇气、要么有韧性、要么冷漠（我并不勇敢）。侦察兵，如果他们盯上了你，你会怎么做？

这其中有一些是技术上的痛苦，克服它需要努力和耐心。大部分都是情感上的痛苦，令你感觉很糟。再确认一下，你买这本书不是为了让自己感觉良好吧？还是因为你认为这本书能告诉你该怎么

换个新态度

思考？你不是在找答案吧？

很好。因为我们翻开这本书不是为了解决问题，而是制造问题。答案不等于思考。思考与答案的关系，就像是电影与最后一帧画面的关系。我猜，有些读者之所以阅读这类书籍，是想找到通往那最后一帧画面的捷径，看到尘埃落定的结局。他们不希望感到不适或做出改变。爱德华·塔夫特称之为"结论强迫症"。有些书正是打着"祝你速胜"的招牌去冲销量。太糟糕了。你首先得去做分析研究，这就意味着你要积极地去"找不痛快"。

有一本书倒是清楚地阐明，思考对思考者来说是件难事，那就是汤姆·查特菲尔德所著的《如何思考》。简言之，没有华丽的辞藻，没有灵丹妙药，只有谨慎、明智、现实地做好每一步。汤姆之前曾说过："认真思考是件苦差事，它总能引发一些冲突，一方面是对确定性的渴望（因此就需要目标明确，行动清晰），另一方面是思考过程中系统性的判断中止。"

> 这种不适的感觉如何？有些聪明的思考者说，这种感觉如此糟糕，几乎从未被承认过，我们是否要想些什么办法，或做些什么来避免它？这种感觉就是认知失调，最早由社会心理学家利昂·费斯廷格命名。它是指原本你想要相信某个人或他的决定，或相信你自己，从而产生了相关

元思考力 如何简单而高效地思考

专为扶手椅专家设计的扶手椅

如果你觉得不是这样,那也许你在哪个环节出了错。还记得之前说过的"椅子"吗?请坐下来,感受这种不适。

14 换个新态度

的判断、思想和行为，但之后却不断有尴尬的反证出现，表明你是个傻瓜。你该怎么办？

通常情况下，与之抗争。卡罗尔·塔夫里斯与艾略特·阿伦森在合著的《谁会认错》一书中提出：与其忍受认知失调，我们会想方设法为最愚蠢的信念和决定辩解，我们会加倍努力求证，想象出根本不存在的理由，责怪他人等。卡罗尔他们以罪犯和暴君为例，解释那些想尽办法为某个可怕或愚蠢行为辩解的人。更吸引人的是，这些人中也包括他们自己。我们所有人都会自我辩解，以逃避那种不适感，那种意识到我们也许不如自以为的那么聪明或优秀的窘迫。他们会问："你怎么能让一个诚实的人失去他的道德指南针呢？""你让他一步一步地走，自我辩解会解决剩下的问题。"所以，如果你想发挥你的蜻蜓复眼，看到所有的证据，首先就要接受认知失调。

但是，这个著名的聪明思维观点还有一个问题，数年前，利昂·费斯廷格关于认知失调的一些研究结果中含有内部不一致的数据，即有些数据不可能是真的。虽然这未必会影响这个理论的正确性，但如果你原本对其深信不疑，那肯定就尴尬了，甚至可能产生了认知失调。

蒂姆·哈福德说,每当我们在接受证据或信息时,都该问问"你感觉它怎么样?"别小看这个问题,它能让我们反思我们的期望、焦虑和预期,提醒我们警惕任何让我们抗拒或兴奋的信息,即一切诱使我们只看到部分证据的信息(以及人们可能试图操纵我们感受的线索)。如果我们觉得它好或不好,那是否意味着这种感觉已经让我们产生了偏见?这是我们被戏弄的信号吗?

这个问题又引发了另一个问题,如果想看清证据,是否应该尽量把感觉放在一边,或甚至对抗它们,审问它们,因为它们可能会阻碍我们找到真相?

如果你的回答是肯定的,那么这种对抗要到什么程度?感受可以很深刻。它们往往是我们整体个性的表达。我们一定要对它们一路追踪下去吗?这意味着什么?

社会心理学家乔纳森·海特对挑战我们的感受有一个生动的比喻。他让我们想象一个人骑着大象,不知道如何控制它。他在《正念》中说:"这个骑象人就是我们有意识的推理,是我们完全掌握的文字和图像的信息流。大象是思维过程的另外 99%,这些发生在我们的意识之外,但实际上却控制着我们大部分的行为。"

这些主导着我们而我们却没有意识到的思维过程是什么呢?乔纳森说是情感和直觉,是那些自动跳出来说"那是错的!"的想法或感觉。

这些关于对错的感觉受到各种力量的影响。例如,受文化传统

14 换个新态度

谁是主导?

或过往个人经历的影响,我们认为吃狗肉是"完全错误的"。乔纳森说,一旦接受了这种观念,这些感觉很快就能成为强势的正义。如果其他人不遵从,他们就不仅仅是错,而是坏。你可以看看自己对有关公平、权利、自由等重大社会问题的感觉,然后问问你自己,你们觉得那些与你意见不同的人怎么样。

作为骑象人,你认为是有意识的推理引导你得出结论,但推理往往只是伴随着骑行而进行,乔纳森说:"也即善于在事后为大象的一切行为编造理由,善于为大象下一步想做的行为找借口。"

所以当我们问出"感觉怎么样"时,我们可能正在与大象较量,那 99% 的思维过程更像是感觉而非理性。乔纳森说:"如果你想改变人们的想法,你就得和他们的大象谈谈。"我猜他的意思是,如果你想要有意识地自我导向,你就得和自己的大象好好谈谈。看看图片,想象一下你们的对话。

我希望你们能这样看待问题:"感觉怎么样"是个好问题,但如果乔纳森是对的,那就意味着要一直自我审判,可能需要一场彻底的自我反叛。他说,我们并未为此做好准备。驱使我们的那 1%,那 1% 有意识的推理,是我们仅有的能够驾驭大象的全部资源,而这原本是要用来为大象服务的。这种力量悬殊的较量增加了我们所说的痛苦和烦恼。这就是"你感觉它怎么样"的含义吗?如果你认同乔纳森的这个类比,那这似乎就是不言而喻的。

曾经有一种观点认为,把有意识的推理和感觉区分开,并让其中一个去挑战另一个,是不可能的,后文还补充说,你不可能把你自己

14 换个新态度

一分为二。最近这种观点再度兴起,其认为思想与感觉完全是相互依存的。乔纳森·海特,作为聪明思维情感派的领军人物,甚至表示对理性的崇尚。正是我们信仰根本不存在的事物,大象已经主宰了本将挑战它的意识。如果他是对的,那这就是一个很大的障碍。

有时,侦察兵对真理的忠诚会使他付出高昂的代价。科学本身就属于这一类,因为近年来被发现存疑(无论有意还是无意)的研究实践都可以给个人事业带来好处,且通常已经是这样了。炒作可以让你的作品发表。说句不好听的,你甚至可以说,差劲的研究如果能帮助你获得成功,那它也可能是合理的。奖项、工作、认可可能给了那些态度有问题、研究实践也有问题的人,他们中有些人似乎一点也不在乎这种浑水摸鱼的行为。显然,这有碍于寻找真相,所以侦察兵会坚决杜绝。

总之,侦察兵开始不那么顺心,更加举步维艰。

我们把几个比喻汇总一下,讲个小道理,前往成功的殿堂要历经坐椅子的痛苦,驯服感觉的大象,方可抵达。你准备好了吗,侦察兵?

因此,在自找苦吃之后,在直面自我和自己的感受之后,在意识到任何改变都可能会带来伤害后,朱莉娅的态度转换能让这一切都好起来吗?能解决那些痛苦、不确定、无聊、失败、嘲笑、不和谐、潜在的个人所要付出的代价以及对我们内心深处情感的挑战吗?

也就是说,态度和好奇心能否帮助我们将权力从大象转移到有效的、有意识的推理和对真理的忠诚上;能否使我们感觉即使不如像在公园嬉戏那么愉快,至少也不要像拔牙那么痛苦?

如果乔纳森是对的,人类天生就不适合这个,那也许还有其他一点,是否有一种新的态度能胜过人类进化?有一位评论者认为,士兵思维模式应该就被简称为人类思维模式,那侦察兵思维模式是什么?非人类思维模式?

最后这一点,我不再做过多拓展。如我所说,我是站在朱莉娅和蒂姆这一边的。但至少我觉得侦察兵/好奇心的观点,给我一种"多吃蔬菜好"的强烈感觉。那会对我们好,真的会让我们更聪明,最终会令我们感觉更好,真的会如此。以后你会感恩的,你会慢慢喜欢上西兰花的。

我之所以支持朱莉娅他们的观点,是因为无论我们进化好的味蕾告诉我们什么,无论我们的感受和渴望是什么,很多人确实开始吃蔬菜,而且逐渐爱上了蔬菜,身体也更健康。你应该也注意到,世人皆有好奇之心。我们有的不仅仅是自我恭维和群属错觉,而且好奇心很可能也进化了,因为它被证明是有用的。好奇心令你感觉很好,而且往往会有回报。同样,许多科学家的确有超越狭隘的个人利益的道德观。虽然没有任何技术是万无一失的,我们似乎还是能够(虽然混乱不定)提升自己的理解能力。另外,你也会问:如果不是这个,那是什么?

换个新态度

朱莉娅能够正确认识这些障碍,她说:"是的,我们经常为自己的错误找借口,但有时我们也会承认错误。我们改变主意的次数,比应该改变的次数少,但却比能改变的次数多。我们是复杂的生物,有时会对自己隐瞒真相,有时又会直面真相。"

我的儿子乔伊患有严重的发育和行为障碍,在我们终于接受了无法再完美地照顾他的事实后,我们将他送去了儿童之家。那里还有一个小男孩,他的睡眠清醒周期长得离谱。他可以好几天不睡,也可以好几天睡不醒。对他的护理包括令他的作息时间规律化,在他很想睡觉的时候让他保持清醒,继续活动。护工告诉我,这样虽然看起来很残忍,但必须这样做。他们会把他放到蹦床上,试图让他保持清醒,而实际上他困得只想蜷着身子闭眼睡觉。聪明思维、好奇心、发现,甚至不确定性,往好了说,可以如疾风骤雨,也可以如呼吸般自然,往坏了说,我就会想起蹦床上的那个小男孩,一边渴望睡觉,一边努力睁着眼睛。

但你已经走了这么远。也许你天生就有聪明思维。如果是这样,你倒不用期待得到它了。

1. 选一个你关心的主题，最好是你对其有强烈感情的。然后把你的观点想象成世界上最邪恶的观点，去尽可能地挑战它，尽力去体验认知失调。看看你能坚持多久。反思一下它对你的影响。

2. 作家兼投资人保罗·格雷厄姆在一篇颇具影响力的短文中说："淡化你的个性，在涉及自己部分个性的观点上，人们永远无法进行富有成效的论证。从定义上看，他们都会有所偏袒……"

   他还写道："多数读完这篇文章的人已经相当宽容了。但更进一步的宽容是认为自己是 X 但也可以接受 Y，即甚至认为自己可以不是 X。你给自己贴上的标签越多，你就越愚蠢。"他说这个理论的有趣之处在于，它可以解释如何产生更好的想法。如果人们无法清晰思考任何与他们个性相关的事物，那么在其他条件相同的情况下，最好的办法就是尽可能淡化你的个性。

   这并不容易，对于那些感觉自己的个性受到敌意的人来说，就更不容易，会有更多压制，更多自我审查的需要以避免冒犯。他们可能会回答说："更好的想法并不来自于压抑我的个性，而是来自于接受和赞美它。那样我们才能进步。"所以，恐怕还是一样，不要太急于反对个性，反个性的观点同样尚无定论。

15 写在文后

THINKING IN PICTURES

聪明思维的观点大部分都是很棒的，作者们也无一不聪明优秀，而质疑也远比你想象的要多得多，有一些我们已有接触。例如：

1. 普通的凡人是否能够践行这些书中宣扬的内容，以及书中对智慧或理性的定义是否过于狭隘和不人道，仿佛人应该是可以无限计算的机器，经常在实验室里炮制智慧或理性。

2. 是否有些聪明思维归根结底就是自私自利、自以为是，且具有文化特定性——即，有偏见！

3. 是否过于将推理视为一种个人算计，一种增强竞争优势的工具（动机基本是自私的），而实际上我们应该更多关注无法仅凭个人算计就能解决的社会性、政治性辩论。

4. 技术修复是否像宣传的那般有效，部分原因在于我们不清

写在文后

楚何时应用它们,因为我们不知道问题究竟出在哪。
5. 一般认知技能的实效很可能是具有偶然性的。

关于这些批判的声音,我们就不再赘述了,我只想说,虽然有关聪明思维的一些顶级著作中表现出了对这些挑战的认真反思,但很少有著作能真正做到自我剖析,能花费时间补全其他的可能性。当然,也不乏滥竽充数之作(这部分我们不作考虑)。

而我自己最大的质疑则是,这些书是否足够无知。这可能听起来有点违反常理:聪明思维……不够无知?这怎么说得通呢?

坦率地讲,无论我们掌握的数据和证据如何,无论我们的方法论如何,无论我们有多么理性或多么渴望得到一个答案,我们往往都难以如愿,难以轻易得到一个所有人都认同的答案,数据给不了我们答案,证据给不了我们答案,哪怕是研究(往往并不如声称的那般确定无疑)也给不了我们答案,我们无从知晓。这个常被低估的问题,有时被称为"客观无知"。

此外,你读得(或经历得)越多,就会有更多复杂情况出现,哪怕聪明思维奏效了,也依旧会如此。如果忽略这些疑惑和限制条件,只一味相信你所找来的答案、模型、工具和规则,又不论出处,那你就会过于自信以至自负。有意思的是,聪明思维所界定的最大恶习之一正是自负。我们不难看出自负是如何产生的,以及整个行业又是如何受其所累的。如果鼓励人们养成批判性思维,让他

们"自行研究",他们却做得一塌糊涂(这种情况太容易发生,我们时有耳闻),本想在专家共识中寻找漏洞,结果却又掉入了兔子洞,那该怎么办?如果鼓励批判性思维,助长了人们对真正的专业知识的质疑,加深了两极分化,导致人们转而相信伪科学和阴谋论,又该怎么办?这并非我们的本意,当然也不是说我们希望人们不要想那么多,只是不难看出,一知半解的聪明思维可以是一场灾难,一半自负的傻瓜就正在做着这件事。我们说要学会质疑,于是他们跑去问飞机的蒸汽尾迹是否含有神秘的疫苗。简单来说就是,尽管我读过许多聪明思维的书,也很重视和崇尚聪明思维,但我不确定聪明思维对于其自身适用的局限性是否有足够的自我批判性。如果是,那就有意思了。

在创作本书的过程中,我偶然读到了理查德·麦克尔里思的几句话,便摘抄了下来。理查德是一位学者,在极客圈中颇具盛名,在圈外却鲜有耳闻。在意识到我非常认同他的主要观点之后,也许我会把他的话写下来装裱起来,挂在走廊的墙上,就挨着那些图片。

他说:"让人失望并非是我的工作,只是我很擅长做这个。其他研究员们都在著书赞颂科学的奇迹,满足公众的想象,激励思考者们确保人类拥有公正与可持续的未来。与此同时,我却告诉任何愿意倾听的人,如果我们非常努力,谨言慎行,也许就能不全然陷

写在文后

入自我误导的陷阱。我的意思是，我们还是有一线希望的。"

理查德认为，人们对他的这一观点漠不关心，他将此归咎为科学教育过分吹嘘成功，而掩盖失败。他说的这种教育是一种宣传方式，旨在说服我们要去相信真相，但却难以教会我们如何发现（或否定）真相……

那么，聪明思维是否也有成功至上论的嫌疑？我想，大部分此类书籍是这样的。有一些取材更均衡、更谨慎，本书中经常出现的那几本当属上乘之作，我对其的欣赏之情显而易见，这几本的精妙之处恰恰在于它们懂得在对待聪明思维时当如履薄冰。认知是很难的——如果仅以一例来证明，大量的医疗逆转①就是力证，那些被视为最稳妥、最明智的措施，那些我们认为会有益处的方案，结果却仍会造成损害，而且这种情况仍在不断发生。

但对这些，我们往往会选择充耳不闻。我们只想要答案。我们喜欢捷径、妙计、万能灵药。我们希望得到一个可靠的方法，来弄清楚到底发生了什么。我们希望能设法推断出何为因、何为果，推断出事物的运行原理，而不想知道认知究竟有多难、究竟难在哪里。但是，来自答案的诱惑，既是一种鼓舞，又是一种危险。理查德还表示，寻找答案的方法有很多，并无定规定法，科学是无"政

---

① 医疗逆转，指已被用于临床实践的某项医疗措施，被随后的高质量随机对照试验证明无效，即不优于之前的标准疗法或次标准疗法。——译者注

府"的。

真的如此吗？但我想我明白他的意思。并非所有的方法都是平等的，对真理的追寻也并非一场大混战，我们也并非无法取得进展。只是面对证据和争论，我们别无选择，只能去尽力验证，用我们所掌握的技能技巧及专业知识，反思、挑战、做出判断、与他人讨论，在不确定的状态下再次尝试，以我们认为最好的方式（当然也可以讨论）去验证，希望能如我们所愿，缓慢地推进，螺旋式前进。

嗯，如果这是科学，那聪明思维又是怎样的呢？一样的。如所有思维一样，聪明思维也是有缺点的、竞争性的、有争议的，有时奏效有时失灵的，既有限制又很精妙的，时而简单时而复杂。当我们试用一种方法时，它可能成功，也可能失败，失败了我们就再另辟蹊径。聪明思维是一种权衡与妥协，经常还会遇到矛盾。我们可能私下思考，但却必须公开辩论和采取行动。我们依赖方法，但方法也可能会出错，被误用或被破坏，为了抵消负面因素，我们便寄希望于更好的观点。但是新的改进后的观点也和旧观点一样，都是基于同样的数据证据而产生的，更何况，我们能确定错误观点就一定一无是处吗？它在什么情况下，被谁使用时是如此？

所以，聪明思维的应用任重道远，我想大多数聪明的思考者都会认同这一点。但有时读起这些著作，却仿佛又大功告成了。也就

写在文后

是说,聪明思维的应用有时并未达到其理想状态,反而变成了它所唾弃的那种自满。

但如果连这些著作都难以辨明,那你即使遇到困惑,也是可以理解的。不要对它们太过苛求,对你自己亦是如此。理想总是困难的,即使是聪明思维也会出问题——它怎么就不会呢?就连本书也会犯同样的错误,在关于其他书籍以及本书中的众多论点上,也可能反复犯错。

至少,这是我的想法。但要说你们能从中学到什么,那就是不要把这一切视为理所当然。如往常一样,哪怕对于我这种谨慎的求知方式,也依然会有反对意见——例如,当我们想对了的时候,也会有丰厚的回报。那些看似有理由质疑的想法,无论多么荒谬,有时却能奏效,就像一场梦似的,而我所有的无端指责和质疑都可能是错误的。要想做出决定,你可能需要博览群书,而又不能止步于此。

事实上,如果这本书要实现聪明思维一半的理想,那如我所言,我们应该也要准备好时刻对其保持质疑。下面是本书的最后一个思维练习。

一开始,我们在精心挑选图像,来表现聪明思维的精髓。但很快我们不禁纳闷,是否真的有这样的东西,然后我们反其道而行,试图用图像来将其展示出来。最终我们自问,这是否有效。突然间我敏锐地察觉到,每一步都极易出错。

小试牛刀

用图片可以更生动地阐释聪明思维的相关问题,那在什么情况下会适得其反呢?本书的整个大前提,在什么情况下会是错误的呢?尽可能多地找出答案吧。加油!

比方说:在教学方面,有个认知心理学的观点认为,以田野里的羊那张图像为例,我们原本想传达的是数数的原理,而一不小心,就可能让人们记住的不是这个原理,而是田野里真正的羊。用来展现原理的比喻反而比原理本身更生动,结果取而代之,使人们记住了这个比喻,却没记住其背后的一般原理。生动的事例会不会因为过于生动以致分散了人们的注意力?很有可能。我曾听过这样一个故事,说有个老师为了讲解分数,就带了一个真正的蛋糕过去。结果孩子们只记住了蛋糕,却根本记不住那堂课讲了什么。事实是,我也不知道用图片究竟是有益还是有害。这只是我的猜想,当然我也希望,这本书可以成为一次实验。这么说是不是吓着你了?好吧,你可以换个思路想象一下,也许你之所以胆战心惊,是因为你对这本书抱有如此大的期望,所以你现在记住了,要对所有关于思维的书都抱有一丝质疑。而由于这正是我创作此书的目的,所以这本书以其自身的失败为代价,获得了完美的成功。而这可能又进一步证实了次级效应和不可预见结果的观点,我的天才之举使得整个聪明思维领域完成了闭环。如果你看到了这里,很好。也许你已经足够聪明了。

写在文后

虽然,可能我之所以这么在意会出错,是因为我知道,以过往的经历来看,我本人就经常犯错。既然如此,为什么还要读我的文字,为什么还要写出来呢?因为我们还有机会,这就是我们要说的。如果我们努力尝试,谨言慎行,就可能不会完全陷入自我误导的陷阱。

为了保持自我反省的精神,我们就引用一段名言来作为结束语,看看阅读此书是否又是一件浪费你的时间的事。但不要只是一味接受这种说法,要仔细思考。好好想想。

人生短暂,切勿花费太多时间去考虑应该如何度过这一辈子……基于正确的缘由,在多种未来的生活方式中,择其一而从之,需要天赋与才能,而这些都是造物主未曾给予我们的。

——詹姆斯·鲍斯韦尔

扩展阅读

2　连点不成线

关于认知偏误：丹尼尔·卡尼曼的《思考，快与慢》；或者如果你喜欢更具文学性的，推荐罗尔夫·杜伯里的《清醒思考的艺术》；还有基思·斯坦诺维奇所著的《区分我们的是偏见》，主要介绍"己方偏误"。

杰西卡·诺戴尔所著的《终止偏见》，是关于性别歧视和种族主义偏见的，作者认为这些偏见都是可以修正的。

汤姆·斯塔福德的电子书：《论证：理性可以改变思想的证据》，这是一本很棒的小读物（通读全篇最多只需要 20 分钟），全书解释了何为人类理性，推理环环相扣。我的另一部心仪之作是格尔德·吉仁泽的《凡人的理性》，虽是本大部头，但绝对值得一读。

斯图尔特·里奇的《科幻小说》是一本科学界的歪风邪气大全，也是对我们其他人的一个严厉警告。

卡罗尔·塔夫里斯与艾略特·阿伦森合著的《谁会认错》，极其有助于提高自我意识。

扩展阅读

3 羊数不可数

如果想了解如何理解数据,大卫·斯皮格尔特所著的《统计的艺术》,绝对是不二之选。如果书中有些地方涉及较为晦涩的数学知识,那你不妨试着读一读:

安德鲁·迪诺与我合著的《数字唬人》;

大卫·汉德所著《信息生成》。

有关人工智能等方面还有两本我的心仪之作,分别是詹妮尔·肖恩的《你看起来是个东西,我爱你》和汉娜·弗莱的《你好世界》。

4 计数人性化

另一本与上一章那些数字有关的书是:大卫·奇弗斯和汤姆·奇弗斯合著的《如何读懂数字》。

其他有关风险与预测方面的书:丹·加德纳所著《未来乱语》;菲利普·泰洛克和丹·加德纳著的《超级预测》;格尔德·吉仁泽所著《风险估算》。

5 虚假信息要当心

列纳德·蒙洛迪诺所著《醉汉的脚步:随机性如何主宰我们的生活》;

纳西姆·塔勒布所著《随机漫步的傻瓜》；

内特·西尔弗（Nate Silver）所著《信号与噪声》。

6 事出反常必有妖

纳西姆·塔勒布所著《黑天鹅》：他的读者分为两派，有的爱他至深，有的……不爱他，但书中的观点都值得一读；

我创作的《暗知识》；

大卫·汉德所著《概率统治世界》，解释了为何极其不可能发生的事情总在发生。

在分析人类发展的基因-环境模型中可能缺失的因素方面，叙述最为详尽的当属凯文·米切尔的《先天：我们的脑回路是如何塑造我们的》，绝对的上乘之作。

7 专注但别太专注

基利安·邰蒂所著《人类视觉》，保持了其一贯的独创性和思辨性；

马修·萨伊德所著《多样性团队》；

加里·克莱恩所著《见他人所不能见》；

大卫·汉德所著《暗数据：你所不知道的重要知识》；

卡罗琳·克里亚多·佩雷斯所著《看不见的女性》。

扩展阅读

8　画虎

《认知错觉》，史蒂芬·斯洛曼与菲利普·费恩巴赫著；

《感知的危险》，鲍比·达菲著；

《事实》，汉斯·罗斯林著。

9　绘制自己的思维图像

《伟大的心理模式》，肖恩·帕里什著、里安农·贝比安；

《超级思维：用思维模式来提升推理能力和决策能力》，加布里埃尔·温伯格、劳伦·麦肯著。内容有点偏向于"如何在商界取得成功"，书中有大量相关事例，有些人可能会视文中观点为偏见、带有经验主义倾向，但我赞同两位作者的观点，书中所讲都属于思维模式的不同类型。

埃斯特·迪弗洛与阿比吉特·班纳吉合著《贫穷的本质》。这本书几乎可以算是一份强调细节和实验重要性的宣言，不同于阐述宏大理论的著作，更适用于发展中国家。二位作者与迈克尔·克雷默一起，获得了 2019 年的诺贝尔经济学奖。

10　打点坏主意

在有关科研过程中的实验及其谬误方面，有本著作脱颖而出，那就是加雷斯·冷与罗迪奥佛·冷合著的《事实》。

也有持乐观态度的，如大卫·哈尔彭的《助推》。主要讲述如何通过实验来帮助政府制定政策，不过就连"助推者"们也承认，经验证据并不代表一切。

有关政策失误方面的书推荐艾弗·克鲁与安东尼·金著的《我们政府的失误》。

关于事物复杂性的：德内拉·梅多斯的《系统思维》，可用作入门读物。

11 三思而后行

如果想要了解如何保持开放性思维，尤其是如何转变心态的，可以读一读朱莉娅·加莱夫的《侦察兵思维》和凯瑟琳·舒尔茨的《犯错》。

有关反思和忘却的：亚当·格兰特所著《三思而行》。

朱迪亚·珀尔与达娜·麦肯齐合著的《为什么》，该书对因果关系推论提出了质疑，虽对问题的解决做了一些夸张的表述，但论述还是很精彩的。

还有大卫·拉格纳多所著《解释证据：思维如何研究世界》，用犯罪故事来表明我们在建立思维模式时是具有随意性的。该书有些地方非常专业。

有关讲故事的作用方面，有一本书我十分欣赏，也曾与其作者

扩展阅读

进行过几番探讨,便是威尔·斯托尔的《讲故事的学问》。

最后还有邓肯·沃茨的《一旦知晓答案,一切都是显而易见的》,分析了我们在事后讲故事的能力,这本书也一直是我的最爱。

12　对赌思维

为了醒目一点,我要把安妮·杜克的《对赌》、菲利普·泰洛克与丹·加德纳合著的《超级预测》这两本放在首位。

我的另一本心仪之作是斯图尔特·费尔斯坦的《无知》;

还有彼得·西姆斯的《小赌注》;

莎拉·贝克维尔所著《如何生活:蒙田的一生》,是一本介绍蒙田的生平与思想的优秀读物。

还有一本关于贝叶斯定理的通俗史书:《永不消逝的定理》,作者是莎朗·博奇·麦克格雷。

13　勿轻信

奥诺拉·奥尼尔的《信任问题》。

如果你对科学方法论感兴趣,那我推荐克里斯·钱伯斯的《心理学七宗罪》,它可以带你领略开放科学之美,读起来不太像是一本正规的科学指南,反倒像是对常规科学的一种更可信的介绍。

14　换个新态度

还有三本我力荐的优秀著作:朱莉娅·加莱夫的《侦察兵思维》、蒂姆·哈福德的《拼凑真相:认清纷繁世界的十大数据法则》、汤姆·查特菲尔德著的《如何思考》。

乔纳森·海特所著《正念》;

保罗·布鲁姆所著《失控的同理心》;

列纳德·蒙洛迪诺所著《感性论:对情绪的新思考》;

如果你想深入探究理性的局限性,那你可以跳出聪明思维的框架,从一些(更经典)更深奥的读物入手,比如乔恩·埃尔斯特所著《所罗门王的判断:理性的局限性研究》。

15　写在文后

最后一本:托尔斯泰的《战争与和平》,没开玩笑。

致　谢

　　要感谢的人太多，我与诸位的情分如此深厚，但受限于篇幅，在此便长话短说。我要感谢所有"那些书"的作者，以及所有博客、论文的作者，演讲者，以及受访者，多年来，我正是从你们那里汲取了养分，如今才能结出自己的硕果。我是个爱钻牛角尖的人，也是个狂热分子。有时难免会反唇相讥，有时会拍案叫绝。有时我只想锻炼一下为大众读者写作的技巧和创造力，或是下定决心要尽力攻克某个难题。如果这两项都做到了，那我现在应该非常非常聪明了……所以也许我还没达标吧。但更有可能的是，要知道如何好好思考是非常困难的，这就是为什么这里的大部分内容实际上都是在尝试旧有的哲学方法。可如果没有它们，我就无话可说了。所以请继续往下读。

　　感谢我的经纪人乔纳森·佩吉，他还是一如既往的勤勉精明。感谢我在《大西洋月刊》的前编辑迈克·哈普利，感谢他的信任和鼓励。感谢詹姆斯·南丁格尔及其团队，他们一如既往地认同我的观点，并再次满怀信心地接过了接力棒。也感谢我特别关注的50

位有影响力的读者和评论员,我能看到他们在公共平台上分享的想法。我还要向理查德·麦克尔里思致敬,他从未听说过我,而且可能会觉得我把他的观点解释得乱七八糟,但我依然认为他是一个善于隐喻的天才。还要感谢聪明思维领域内外的朋友们(你们清楚自己的位置)。感谢我的家人给我提供想法,给予我关爱。感谢温顿中心、皇家公共卫生研究院和英国广播公司的同事们,感谢你们这么多年来带给我启发,给我思考的机会。感谢你们所有人。本书中若有疏漏,全部责任在我。